dtv

Wie seltsam schnell und doch verzögert in der Wahrnehmung sich die Welt verändert. Hat. In den Synapsen stecken immer noch Bilder von früher.
Von reizenden Reisen. Da einem, außer einer Darmgrippe, nichts passieren konnte. Entspannt fuhr man nach Griechenland zum Herumlungern, durchquerte die Wüste Gobi, hockte im Jemen, beobachtete Menschen beim Leben und reiste nach Paris. Ein Sehnsuchtsort. Cafés unter grünen Platanen, elegante Menschen ansehen, immer schmerzende Füße bekommen vom zu vielen Laufen, Endorphine. Das ist gespeichert, das macht ein Ziehen in der Brust, und das überlagert die realen Bilder.
Bei allem, was wir täglich genießen, Bildung, Demokratie, gutes Wetter, muss man ja immer das Unrecht auf der Welt mitdenken, das Unrecht der Vorfahren. Ich lebe nicht auf der Flucht, bin gesund, hungere nicht, das ist schon mehr als die meisten aufzuweisen haben. Aber Ihnen, als meinen besten Freunden kann ich ja im Vertrauen sagen: Ein bisschen bescheuert ist die Welt schon geworden.

Sibylle Berg

Sibylle Berg, geboren in Weimar, lebt heute in Zürich und Tel Aviv. Sie schreibt Romane, Theaterstücke, Essays und Kolumnen. Ihr Werk wurde in 34 Sprachen übersetzt und vielfach ausgezeichnet.
Isabel Kreitz hat an der Fachhochschule für Gestaltung in Hamburg studiert und kam während eines Gastsemesters an der New Yorker Parsons School of Design auf den Gedanken, sich fortan hauptamtlich mit Comics und Cartoons zu beschäftigen. Seither hat sie zahlreiche Alben und Illustrationen veröffentlicht.

Sibylle Berg

Wunderbare Jahre

Als wir noch die Welt bereisten

Mit Bildern von Isabel Kreitz

dtv

Von Sibylle Berg ist bei dtv außerdem lieferbar:

Der Mann schläft (14002)
Vielen Dank für das Leben (14341)
Wie halte ich das nur alles aus? (14406)
Der Tag, als meine Frau einen Mann fand (14534)

Ausführliche Informationen über unsere Autoren und Bücher
www.dtv.de

MIX
Papier aus verantwortungsvollen Quellen
FSC® C019821

2018 dtv Verlagsgesellschaft mbH & Co. KG, München
Lizenzausgabe mit Genehmigung des Carl Hanser Verlag

Umschlaggestaltung: dtv nach einem Entwurf
von Peter-Andreas Hassiepen unter Verwendung
einer Illustration von Isabel Kreitz
Gesamtherstellung: Druckerei C.H.Beck, Nördlingen
(Satz nach einer Vorlage des Carl Hanser Verlag)
Gedruckt auf säurefreiem, chlorfrei gebleichtem Papier
Printed in Germany · ISBN 978-3-423-14636-4

Wie seltsam schnell und doch verzögert in der Wahrnehmung sich die Welt verändert. Hat. In den Synapsen stecken immer noch Bilder von früher. Von reizenden Reisen. Da einem, außer einer Darmgrippe, nichts passieren konnte. Entspannt fuhr man nach Griechenland, durchquerte die Wüste Gobi, hockte im Jemen und beobachtete Menschen beim Leben und reiste nach Paris. Cafés unter grünen Platanen, immer schmerzende Füße vom zu vielen Laufen, Endorphine. Das ist gespeichert, das macht ein Ziehen in der Brust, und das überlagert die realen Bilder. Die Metro mit mir darin, die von ungefähr dreißig gewaltberauschten jungen Männern terrorisiert wird. Die Straßen voller obdachloser alter Menschen, die verspannten Gesichter der angeblich so entspannten Pariserinnen, die mit einem Lächeln Kinder und Job meistern. Die gibt es nicht. Es gibt nur gestresste Frauen und Männer, schlecht bezahlt in Verkehrsmitteln gedrängt, in beengtem Wohnraum, verstopften Straßen, sich durch Touristen quälend, die Baguettefotos machen. Der Gestank von Urin auf den Straßen, der Stau auf den Straßen. Und neu im Programm: Die Terroranschläge, die Unsicherheit, Romas auf kleinen Freiflächen zwischen den Autobahnen zusammengedrückt, und ab in den Tunnel. Ah, der tolle Tunnel durch das Wasser nach England! Gab es da schon ein Attentat, oder sind es nur die Flüchtlinge, die jetzt täglich versuchen nach England zu kommen? Ja, du Europäer, da nimmt dir die Welt deine behagliche Tunneltour weg, nimmt dir dein Kitschbild von Paris, und nun bist du in London. Das stand immer für verpasste Gelegenheiten. Die Stadt voller Models, Rockstars, aber du blöde Touristin bist aus Versehen in Whitechapel gelandet, mit deiner unzumutbaren Frauenausstattung, die nicht verhüllt ist. Die ist nicht verhüllt. Dieses niedliche, immer zugige London mit freundlichen Einheimischen gibt es nicht mehr. Gut, da muss man ja nicht hingehen, dann geht man eben woanders hin. Italien ist immer noch reizend; wenn man die 40 % jugendlicher Arbeitsloser wegdenkt, kann man noch ans Mittelmeer, Sie wissen schon. Die Boat-People. Es muss ja auch keiner mehr verreisen. Es gibt auf 3Sat und Arte täglich diese wunderbaren Sendungen, in der die Welt in Ordnung ist. Einfache, herzensgute Menschen machen Handwerk, sie sind gastfreundlich, und Attentate finden nicht statt. Entführungen gibt es nicht. Den Ekel vor dem weißen Touristen sehen wir kaum. Und wer nicht fernsehen will, kann Geschichten lesen, von früher. Als wir noch die Welt bereisten.

Krieg. Zum Glück: weit weg

Kosovo (aber irgendwie auch Mazedonien),
15. April 1999

Am ersten Tag sagt die Dame am Flughafen: Ach, Sie fahren da runter, ich mag die Berichte nicht mehr sehen. Da blickt ja keiner durch. Na ja, Krieg ist schon schlimm. Gott sei Dank ist er weit weg. Nach zwei Stunden Flug bin ich in Thessaloniki, nach einer Autofahrt über die Grenze in Skopje. Mazedonien, das kleine Land, gerät außer sich, mit jedem Tag mehr, und eigentlich ist doch gar nichts los. Der Krieg ist hier nicht. Der Krieg ist in Jugoslawien, sichere zehn Minuten entfernt.

Panzer rollen durch die Straßen, das Militär marschiert an der Grenze, nachts hört man Schüsse, Flugzeuge, bei günstigem Wind auch Detonationen. In der Nacht. In den leeren Einkaufspassagen der Hauptstadt laufen Mädchen mit Rollerblades, niemand sagt ein Wort, und irgendetwas stimmt nicht.

Am zweiten Tag steigen die Journalisten in Autos, die sind wie schwere Waffen, sie tragen Kampfanzüge, die Frauen laufen mit harten Schritten, laufen schnell, fahren schnell, vielleicht ist etwas passiert in der Dunkelheit. An der Grenze. In den letzten Stunden ist das Auffanglager Blace zum Schlachthof geworden. Mit Masken gegen den Geruch von Mensch und Angst stehen Soldaten und Polizisten maschinengewehrbewaffnet um das Lager, das so groß ist wie zwei Fußballfelder. Es ist anders als im Fernsehen, das Lager. Man riecht es, man hört es und schaut ihnen in die Augen, den 40 000 Menschen hinter Barrieren, die drängen zur Freiheit, zu den Bussen, wo die Journalisten beobachten, filmen, fotografieren, in Mikrofone reden, in Telefone.

Eine amerikanische Journalistin, gleich einer gut frisierten Wurst, nähert sich der Absperrung. Sie gibt einen rührenden Text per Handy an ihre Redaktion, hält inne, sagt: Es riecht zu streng. Und dreht ab. Die hinter dem Gitter kamen in Güterwagen oder zu Fuß, sie kamen verwirrt, und als sie wussten, dass sie auf mazedonischem Boden waren, hoben sie die Arme in den Himmel. Doch schon wieder Gewehre, schon wieder Soldaten. Sie prügeln ein auf Menschen, die aus dem Lager wollen, in einen Bus, wo vielleicht der Mann sitzt, die Schwester, das Kind. Die mazedonischen Soldaten schauen zu, wie Menschen fast zerdrückt werden, Frauen in Ohnmacht fallen, hören, wie Kinder schreien. Viele haben hohes Fieber, es ist verdammt kalt.

Wir brauchen hier keine Albaner, sagt ein Soldat. Die Flüchtlinge tun mir leid, aber sollen sie doch in Länder, denen es besser geht. All das Geld, das unsere Regierung für die ausgibt, könnten wir gut brauchen. Es hat an die 30 Prozent Arbeitslose in Mazedonien, sagt der junge Soldat. Egal wo Flüchtlinge sind, woher sie kommen, wohin sie flüchten, sie werden überall beschissen behandelt. Er sieht angewidert auf das Schlammloch und rückt seine Maske zurecht. Als eine alte Frau über die Absperrung klettert, stößt er sie zurück. Schlägt noch mal nach. Egal, dass es seine Mutter sein könnte, bei der er vermutlich noch wohnt. Es ist Krieg, da ist der Feind. Der Feind ist, was man selber nicht ist, und nun liegt der am Boden und weint.

Der Boden ist schlammig und kalt, und in einem hektischen Moment, als das Gitter geöffnet wird, um einen mit Lebensmitteln beladenen Traktor passieren zu lassen, gelangen wir ins Lager, das für Fremde gesperrt ist, weil es wirklich keinen guten Eindruck macht. In den Boden sind hastig weggeworfene Dinge gedrückt, überflüssige Dinge, die Erinnerungen waren, oder Spielzeug, oder Leben. Unter Plastikplanen liegen die Alten und schlafen. Schlafen und hoffen vielleicht, dass alles wieder gut ist, wenn sie erwachen. Manche hocken im Dreck und reden, versuchen ein Lachen. Andere haben aufgegeben. Sich von sich entfernt, zu irgendeinem Ort, wo sie allein sind. Der Rest kämpft. Einen sinnlosen Kampf. Sie drängen sich gegen die Gitter, schreien, doch wer will das hören. Die Menschen hier sind müde, sind krank. Sie sehen aus wie wir. Hübsche Mädchen mit Buffalo-Schuhen, Männer mit Chiemsee-Jacken, Studenten, und zwischen ihnen stehe ich im Pulk.

Die Idee, jemand könnte mein Leben austauschen, mit einem von hier: Am Morgen wären Uniformierte gekommen, hätten meine Tür zerschlagen, geschrien, mit der Waffe gefuchtelt, Schüsse hätte ich gehört, einen Rucksack gepackt. Was nimmt man mit von seinem Leben? Wäre dann hier gestanden, alles verloren, über Nacht, das, was ich war, kein Recht mehr, kein Mensch mehr.

Zwischen den Vertriebenen, die mich behandeln, als wäre ich eine von ihnen, die mich stützen, als ich mich zum Gitter bewege, Zentimeter für Zentimeter, die mir auf die Beine helfen, die nicht zucken, als immer wieder Schüsse vom Kosovo her zu hören sind. Über das Gitter, an den Uniformierten vorbei, am Hang sitzend, auf die Bahren schauend.

Hektisch werden sie abtransportiert, Alte, Kinder, Schwangere, die umgefallen sind, viele werden sterben. Und dabei gefilmt. Wenn gerade keine Tragödie zu sehen ist, werde ich gefilmt. Alles, was verstört aussieht, wird festgehalten.

Der Krieg ist nicht hier. Keine Granaten hier. Nur etwas, das man hören kann, sehen, in der Nacht am Himmel. Es ist etwas Widerliches in der Luft, auf der Haut. Es ist eine Unruhe in den Köpfen, Instinkte, die über den Verstand siegen.

Zwei Millionen Menschen leben in Mazedonien. Albaner, Serben, Türken, Bulgaren, Roma existieren in einem fragilen Gleichgewicht nebeneinander, ohne sich zu sehr zu mögen, weil kein Mensch mag, was anders ist als er. Anders als die Serben sind fast alle. Aber wie?

Am dritten Tag in Skopje in einem kleinen, bewachten Haus, der Parteizentrale der Serben. Der Vorsitzende der Serben in Mazedonien, Nebojša Tomović, ist erfreut, dass endlich jemand über sein Volk berichten will, ›das in Mazedonien ein Viertel der Bevölkerung bildet‹. Alle Serben hier stehen geschlossen hinter der Politik Miloševićs, sind bereit, ihrem eigentlichen Vaterland Jugoslawien zur Seite zu stehen. Mit Miloševićs Worten vertritt Tomović die Haltung seiner Brüder: Die Nato ist schuld. Killer, dumpfe Mörder, die Europa teilen wollen. Die Kosovo-Albaner flüchten vor deren Bomben. Die Nato, die mit der UCK kooperiert, und die UCK, die die eigenen Leute vertreibt, um es als Aktion der Serben darzustellen.

Es geht um die Wahrheit, sagt Tomović und beschließt seine Rede mit den Worten: Mit der Ruhe in diesem Land ist es vorbei. Wir werden kämpfen. Tomović gibt uns eine Visitenkarte, die uns Eintritt in serbische Dörfer gewähren soll. Malisia Bozovic, der Generalsekretär der Serbisch-Demokratischen Partei, erzählt das gleiche, erklärt noch, wie die Berichte im Fernsehen entstehen. Archivbilder sind das, und wenn man einen Stacheldraht zeigt, ist das schon ein Konzentrationslager. Alles Lüge, alles Propaganda. Wir lieben die Wahrheit.

Mit einem serbischen Fahrer unterwegs in ein serbisches Dorf. In den Städten leben die Bevölkerungsgruppen nebeneinander, die meisten Dörfer sind rein albanisch oder rein serbisch. Der Fahrer Dragan ist Ingenieur. Er erzählt von seiner Frau, die ein Kind erwartet, von seiner Suche nach Arbeit. In einem Nebensatz sagt er, nächste Woche werde das Kosovo clean sein. Und erzählt, dass die Albaner das meiste Geld im Land haben, viele Frauen und Autos und die besseren Häuser. Er freut sich, dass jemand endlich die ganz normalen Serben zu Wort kommen lassen will, die jetzt in der ganzen Welt unbeliebt sind. Von Peter Handke hat Dragan noch nicht gehört.

Das serbische Dorf Kučevište nahe dem Lager Blace scheint aus Staub und Müll gebaut. Vor dem Kiosk auf einer Bank sitzen ein paar Männer, die aussehen, als seien sie betrunken. Misstrauisch beobachten sie uns, spucken auf den Boden. Der Fehler ist, sich als Medienzugehörige zu erkennen zu geben. Der größere Fehler ist zu sagen, dass wir teils deutsch sind. Die Männer schreien. Dass die Deutschen Nazi-Schweine sind, dass die Serben die Opfer sind, dass die Nato an allem schuld ist, dass das Kosovo den Serben gehört. Nach einer halben Stunde kommt ein kleiner Junge mit dem Bild von Milošević. Die Männer lachen. Sie laufen mit uns durch ihr Dorf, um uns den von Albanern geschändeten Friedhof zu zeigen. Zigaretten werden getauscht. Ein Moment Ruhe, in den ein Auto rast. Ein junger Mann mit kahlrasiertem Schädel springt heraus: Wo sind die Deutschen, schreit er, und in Sekunden sind wir umringt von brüllenden Serben. Die Kinder fangen an, schubsen und stoßen, die Frauen stehen daneben und lachen, als ein dicker Mann mir gegen die Stirn schlägt und schreit: Schaut euch die Nato-Hure noch mal an, gleich wird sie im Wasser treiben. Unser Fahrer versucht zu beruhigen: Es muss doch jemand über sie schreiben, die Vorurteile beseitigen, er sei doch auch Serbe, sagt er und zeigt seinen Ausweis. Vergebens. Der Ausweis sei gefälscht, Dragan ein Verräter. Für eine Minute sind die Männer des Schreiens müde, wir beeilen uns.

Dragan ist beschämt. Die Serben sind nicht so, sagt er.

Dass die serbische Mentalität uns so fremd ist, dieses unverständliche Gefühl von Rache, Blut, Boden und Religion, macht, dass wir glauben, der Balkan sei in einer anderen Welt. Eine andere Welt gibt es nicht. Im Hotel treffen wir einen Nato-Soldaten. Er ist Pressesprecher. Auf meine Frage, ob die deutschen Soldaten Angst hätten, sagt er vorschnell ja. Dann beginnt er, überlegter zu antworten. Soldaten wüssten, was ihr Job ist, und überhaupt, noch sei der Bodeneinsatz nicht entschieden. Noch seien die Nato-Truppen hauptsächlich zum Helfen hier. Und das machten sie gut.

Neben dem Auffanglager Blace hat die Nato ein Camp eingerichtet. Nach den Eindrücken des Lagers erscheint es wie das Paradies. Freude regt sich, über die Europäer, die sich oft selber ihrer Eigenschaften schämen, die hier so nützlich sind, die den Albanern das Gefühl von Sicherheit geben. Doch das Lager ist halbleer. Gerne würden sie die Menschen aus Blace ins Camp holen, sagt Soldat Francis MacGann, doch das sei ihnen nicht gestattet. Die mazedonische Regierung habe Angst, dass die Flüchtlinge sich wohl fühlten und blieben, und wenn die Medien über dieses gut organisierte Camp berichten würden, vermindere das den Druck auf Nato-Staaten und Nachbarländer, Flüchtlinge sehr schnell aufzunehmen.

Am vierten Tag treffen wir in dem albanischen Dorf Studeničani nahe Skopje den Berater des Vorsitzenden der Albanischen Partei und des Bürgermeisters, Memed Zejnulahu. Er hat Tränen in den Augen, als er von seinem Besuch im Lager erzählt. In seinem Dorf hat fast jede Familie Flüchtlinge aufgenommen. Manche Bauern haben ihr Haus zur Verfügung gestellt und sind in die Stadt zu Verwandten gezogen. Er zeigt uns ein kleines Haus, in dem 30 Vertriebene wohnen, die uns danken für die Hilfe der Nato.

Ein paar Minuten von Studeničani entfernt findet gerade

eine Anti-Nato-Demonstration statt. Organisiert wurde sie von der Konservativen Partei Mazedoniens und ihrem Vorsitzenden Straso Angelovski. Nato-Soldaten sind Nazis, schreien nach seiner Rede die Bauern auf dem Dorfplatz. Sie heben die Fäuste, gegen alles, das ihre Ruhe stört, ihnen Angst macht. Krieg ist leicht hergestellt. Er entsteht aus Politik, den Rest besorgt das Volk. Frag einen, ob er Krieg will. Keiner wird ja sagen. Frag einen, ob er sein Land verteidigen würde. Alle würden nicken, an vergewaltigte Frauen denken, an ihre Häuser und die Fratze des Feindes, der ihnen nehmen will, was ihr Leben ist. Vielleicht kommt der Krieg nicht nach Mazedonien. Doch lange werden Serben und Albaner hier nicht mehr in Ruhe nebeneinander leben können. Vielleicht. Straso Angelovski sagt, das war die erste Demonstration. Das ganze Land wird jetzt überzogen von Protesten. Gegen die Nato. Die Albaner paktieren mit den Mördern.

Vom serbischen Dorf Staro Nagoricane ist die Grenze zu Jugoslawien nur einige Kilometer entfernt.

Bis vor kurzem waren hier Nato-Truppen, doch die Dorfbewohner haben sie vertrieben. Sagen sie stolz in der Dorfkneipe. Verjagt haben wir sie. An der Wand hängt ein Schild: Wir geben das Kosovo nicht auf. Der Kneipier bietet mir an, sein Bett zu besichtigen, Schnäpse werden eingeschenkt und wieder die serbischen Wahrheiten erzählt. Alles war friedlich vor dem Nato-Angriff. Man will doch nichts als Frieden, die Kinder sollen aufwachsen wie Kinder in Düsseldorf. Wir wollen nur leben wie bisher. Die Albaner haben uns nie gestört, sagt der Kneipier und gibt noch einen aus. Eine Frau kommt in die Kneipe. Vladanka ist lange in Österreich gewesen, leise sagt sie: Passt auf. Sie sind alle falsch, und die Grenze ist nah. Hier im Ort wurden die drei Amerikaner verraten. Die vom Dorf haben die Serben angerufen, und sofort waren sie da.

Ein Serbe lädt uns in sein Haus ein. Auf dem Tisch eine

weiße Klöppeldecke. Die Mutter schenkt Kaffee ein. Der Serbe heißt Robert und holt nach ein paar Schnäpsen eine Soldaten-Kappe heraus. Er hat im Bosnienkrieg unter Arkan gekämpft und wird bald wieder zu ihm gehen. Saubermachen, sagt er.

Wir fahren dann. Am fünften Tag. Vorbei an Panzern, an bewaffneten Polizisten. Zu viele Dummköpfe bekommen Waffen im Krieg. Dragan schaut auf die Berge. Die meisten Serben haben das unfruchtbare Bergland, sagt er. Die Albaner sitzen in den ertragreichen Ebenen. Normal wird es hier nicht mehr werden.

An der Grenze in Tetovo sind die Schlagbäume geschlossen. Tausende Vertriebene stehen dahinter. Seit Tagen. Dürfen nicht nach Mazedonien. Wieder frage ich einen mazedonischen Soldaten, warum. Er antwortet wütend: Wir brauchen sie hier nicht, und sehen Sie, die Decken, die nach drüben geschickt werden, sind aus Nato-Beständen. Warum kauft man nicht mazedonische Decken, dann hätten wir auch was davon. Viele Angehörige der Albaner auf jugoslawischer Seite haben sich auf mazedonischem Schlammboden niedergelassen. Sie sehen ihre Verwandten stehen, schwanken, frieren, können nichts tun als zu winken. Da zu sein, wenn die Dämmerung kommt. Und in den Dörfern nahe der Grenze haben die Menschen wieder Angst. Viele sind geflohen. Vor den Serben, vor der Nato, egal wovor, die Angst ist da, denn die Nato ist hier, ist ein Ziel der Serben. Es ist Krieg, da kann sich keiner raushalten.

Im Hotel Continental ist Feierabend. Viele berichten seit Jahren nur über Kriege. Sie können nicht mehr anders, denn nach einem Krieg kommt einem das normale Leben langweilig und unecht vor, denn das, was in einem Krieg geschieht, ist, was Menschen in sich tragen, verdeckt, was ausbricht und zu einer Lautstärke führt, die alles andere als zu leise erscheinen lässt. Ein normales Leben können sie sich nicht mehr vorstellen, die Kriegsreporter. Sie werden hier gebraucht.

In der Nacht fahren gespenstisch viele Busse vom Lager Blace weg. Zum Flughafen, nach Griechenland, nach Albanien. In den Bussen stehen und hocken die Flüchtlinge mit leeren Gesichtern. Ab und zu wird der Bus erhellt von den Lichtern der Fernsehteams. Für Sekunden richten sich die Flüchtlinge auf, versuchen sich übers Haar zu streichen, den Schmutz wegzuwischen, das Fernsehen ist da.

Die Reporter nehmen ein allerletztes Bier in der Bar Europa. Direkt neben dem Lager ist hier Tag und Nacht Betrieb. Reporter und Helfer spülen ihren Ekel herunter, trinken, bis

ihr Gefühl der Ohnmacht in etwas Weicheres, Traurigeres umschlägt.

Am sechsten Tag setzt sich der Medienfuhrpark wieder in Bewegung. Als die Reporter in Blace eintreffen, finden sie nur eine riesige Müllhalde. Kein Mensch. Niemand. Oberhalb des Lagers sind frische Gräber. Wie viele Tote mit Blick in die alte Heimat dort liegen, weiß niemand. Die Flüchtlinge wurden über Nacht irgendwohin gebracht. In den Nachrichten heißt es, Milošević liebe die Kosovo-Albaner und lade sie zur Rückkehr ein. Keiner kann überprüfen, was mit den Albanern geschieht, die Milošević lieb hat. Die Grenzen sind vermint.

Die Flüchtlinge sind weg. Nichts zu tun. Im Hotel Continental kehrt Ruhe ein. ›Ben Hur‹ statt CNN-Nachrichten. Morgen werden viele nach Albanien fahren, versuchen, doch in das Kosovo zu kommen oder nach Belgrad. Leer werden die drei Hotels in der Stadt dennoch nicht. Vielleicht geht es in Mazedonien auch los. Ein Bürgerkrieg. Ein Serbenangriff. Ein Journalist zu seinem Kollegen: Die Gräber sollten wir noch machen. Machen wir morgen, antwortet der andere und sieht wieder zu ›Ben Hur‹. Der Krieg ist hier nicht. Noch nicht. Vielleicht passiert wirklich nichts mehr. Dann werden die letzten Geschichten aus dem Müll gemacht, den der Krieg hinterlassen hat, das Land wird lange nicht zur Normalität finden. Aber das ist nicht wichtig. Der Krieg ist ja woanders.

Am siebten Tag wird ein mazedonischer Grenzer von Serben erschossen, Russland ist nervös, die Amerikaner sind nervös. Die Chinesen sind sowieso nervös. Die Jungs bei der Nato haben Angst. Das Kosovo ist zwei Stunden entfernt. Die Dame am Flughafen, es ist eine andere, sagt: Ach, Sie waren da unten. Ich kann die ganzen Berichte nicht mehr sehen. Gott sei Dank ist das alles weit weg.

P.S.

2000. Der serbische Fahrer wurde in irgendeinem Konflikt um irgendwas erschossen.

2014 (Zahlen für 2015 stehen noch nicht definitiv fest) waren weltweit fast 60 Millionen Menschen auf der Flucht. Im Durchschnitt flohen 42 500 Menschen pro Tag.

50 Prozent aller Flüchtlinge sind Kinder. Auf fünf von sieben Kontinenten (ohne Australien, Antarktis) gibt es bewaffnete Konflikte. 2014 sind weltweit 164 000–220 000 Menschen direkt an Kampfhandlungen gestorben, so viele wie seit 26 Jahren nicht mehr. 2015 starben in Konfliktgebieten mindestens 167 000 Menschen. Über 5 der 7,3 Mrd. Menschen leben in Staaten, in denen es bewaffnete Konflikte gibt.

Bedroht durch Gesäße

Thailand, 23. Januar 2009

Es gibt einen Konsens mittelständischer Bildungsbürgerträume, zu dem zählen der Besuch der Chinesischen Mauer, einmal Nibelungen in Bayreuth, die Liebe zu Frankreich und eine Reise mit dem Orient-Express. Danach kann man sterben. Mein Intellekt funkelt wie der Abendstern am dunkelblauen Himmel über Thailand, und ich warte in der Lounge des *Eastern and Oriental Express*, die mich an die VIP-Lounge des Flughafens Bombay erinnert, der mich an ein heruntergekommenes Bahnrestaurant in Rumänien erinnert hat. Die mir stets unverständlichen Klimaanlagen dimmen die Raumtemperatur auf Schweiz im Februar. Der Mensch könnte transpirieren, und das hasst er. Zwei Stunden vor Abfahrt des von außen erlesen wirkenden Zuges läuft der Reisende hier auf, um einzuchecken. Eine erlesene Gesellschaft, das Durchschnittsalter so Mitte fünfzig, der Herr mit Bermudas oder gelblichen Baumwollhosen, die er aus rätselhaften Gründen mit einem Gürtel immer über dem Bauchansatz festzurrt. Die Damen tragen überwiegend dünne, traurig wirkende Gesäße in weißen Leinenhosen. Eine Frau führt einen großen federbesetzten Hut mit sich. Vielleicht hat er ihr in einem Krieg das Leben gerettet. Siebzig Prozent der Reisenden scheinen Briten zu sein, der Rest Franzosen und Amerikaner, die stolz sind auf die Erfindung ihres Landsmannes. Der »E & O« entstand nach einer Idee des eisenbahnverrückten Amerikaners James B. Sherwood, dem auch der historische *Venice-Simplon-Orient-Express* in Europa gehört.

Der Hauptbahnhof Bangkok ist einer der ruhigsten Orte der Stadt; gesittet und reizend sitzen Thailänder zwischen ausufernden Gepäckstücken und warten geduldig. Die erste unangenehme Situation entsteht, als sich die ungefähr sechzig Personen große Reisegruppe, Außerirdischen gleich, hinter einem uniformierten Orientexpress-Manager über einen zehn Meter langen blauen Teppich zum Zug bewegt. Die Passagiere beziehen ihre Kabinen, ihr kleines, eisgekühltes Zuhause während der nächsten drei Tage, während der Zug von Bangkok nach Chiang Mai im Norden fährt. Auf den ersten Blick scheint alles so, wie man es sich vorgestellt hat. Agatha Christie fällt dem Dümmsten ein, *Shanghai Express* mit Marlene Dietrich, sogar die plattesten Klischees wollen sich einlösen. Wohin man schaut, Rosenholz und Teak, alte Lampen, alte Teppiche, uniformierte Bedienstete. Die Waggons stammen aus Neuseeland und wurden in Singapur umgebaut und restauriert. Warum nur ist es so saukalt, und warum lassen sich die Fenster nicht öffnen? Da sitzt der Reisende auf einem mäßig bequemen Sofa, schaut durch eine Doppelverglasung, wie der Zug sich langsam durch die Vororte Bangkoks schiebt. Luft möchte man und zwar viel, und zwar warme, den Rauch riechen, den man draußen sieht. Das geht auf dem kleinen Balkonwagen am Ende des Zuges. Hier drängen sich die Raucher, trinken Cocktails und winken den Thailändern zu, die vor Hütten kauern, deren Existenz man in Thailand nicht mehr vermutet hatte. Diese lieben Einheimischen, sie haben ihre Freude am Reichtum der Touristen.

Eine Reise im Orientexpress ist ein teurer Spaß. Aber über Preise redet man nicht in unseren Kreisen, über Geld reden Proleten oder Neureiche, keineswegs die Zielgruppe der hier anwesenden Nostalgiker. Vor Beginn der Zugfahrt hatte der Passagier sich zwischen verschiedenen Tagesausflügen zu entscheiden. Unternehmungen, die jeder Mensch, der bei Trost ist, unbedingt zu vermeiden sucht. Elefanten bei der Arbeit beobachten oder Tempel, am Nachmittag eine Einkaufstour in Seidenfabriken und Schnitzwerkstätten oder eine Stadttour mit Besuch von Seidenfabriken und Schnitzwerkstätten. Es steht dem Menschen auch frei, alleine Chiang Mai zu erkunden oder im Zug auf dem Bahnhof acht Stunden herumzubringen. Aber das ist Zukunftsmusik. Im Moment entfernt sich der weißgekleidete Tross vom Balkonwagen, um in seinen Kabinen den Afternoon-Tee zu nehmen. Jedem Waggon steht ein persönlicher Butler zur Verfügung, der Silberkannen und feine Gebäckteile in die kleinen Löcher bringt. Tee trinken, Suburbs gucken, frieren. Das Schienennetz in Thailand ist noch komplett authentisch geblieben, der Zug wartet auf jede entgegenkommende Lok, es wackelt und ruckelt, und nach einer Stunde entwickelt sich bei den Besitzern schwacher Mägen ein Unwohlsein erster Güte. Doch es bleibt keine Zeit zum Nachdenken, denn gegen sechs macht sich die erste Fütterungsgruppe fertig zum großen Diner. Für Herren besteht strenge Krawattenpflicht, doch warum ein lächerliches Strickchen um den Hals, das jeden Herrn zum Banker macht, irgendwo auf der Welt noch getragen werden muss, ist uneinsichtig.

Alle Reisenden werden plaziert und haben sich als Erwachsene verkleidet. Der Butler hat Hemden aufgebügelt, Sakkos

geklopft, die Damen tragen Pumps. Gold und weiß. An den Tischen entstehen Schicksalsgemeinschaften, und die Gespräche ähneln sich. Man redet vom Reisen. Was man wo, wann, warum gemacht hat. Die Namen von Orten schweben durch den Raum, Restauranttipps, Angebergespräche erster Güte. In Shanghai gehe ich immer zu Mister Long. Sie kennen Mister Long in Shanghai nicht? How can it be? Er serviert das beste Frikassee ganz Chinas. Vielleicht hat das Rind vorher gebellt. Man lacht über kleine, abgenutzte Scherze, man zeigt sein interessantes Leben vor, wie eine Visitenkarte. Afternoon-Tee im Penninsula, Lunch im Oriental Bangkok, es sind die immer gleichen Standardadressen, die diese einander verwirrend ähnelnden Menschen austauschen, Orte, wo alle aussehen wie sie selbst, sich als Erwachsene verkleiden und Erwachsenengespräche führen, die aus Satzbaukästen entnommen wurden und beliebig zusammengefügt werden. Der Zug wackelt. Das Essen ist hervorragend. Sternekoch und so weiter, das lässt das nächste Lieblingsthema der Reisenden entstehen: die Gourmetrestaurants dieser Erde. Die Namen von Spitzenköchen fallen ins Essen, nicht zu lange geschwatzt, denn die zweite Essensgruppe kommt in einer Stunde. Alle warten bereits in der Bar, sie haben sich hübsch gemacht. Sie frieren.

Draußen ist es dunkel geworden. Der Mensch kehrt vom Diner zurück in seine Kabine. Der Butler hat unterdes die Betten bereitet, nun sieht es endgültig aus wie in jedem Schlafwagenabteil in jedem beliebigen Zug in jedem beliebigen Land. Es ist furchtbar kalt, authentisches Reisen, wenn man in der Arktis wäre. Sehnsüchtig presst man das Gesicht an die Scheibe, draußen steht die Wärme, Feuer sind zu sehen, sonst nichts. Der reizende Butler bringt noch einen Whiskey oder eine heiße Milch, falls der Gast sich nicht schon zuvor in der Bar bei Pianomusik die Kante gegeben hat oder im Salon mit seinen neuen Freunden Bob und Mary aus Stratford-upon-Avon beim Kartenspiel die nötige Bettschwere fand. Die bitternötige. Denn es ist laut, es ruckelt wie die Hölle, der Magen bäumt sich auf. Ungefähr 30 km/h hat der Zug drauf, der Schlafsuchende wird in seinem absurd unbequemen Bett hin und her geworfen, er betet. Und schläft ein, zwei Stunden, weil er einen Rausch hat. Gerädert und gevierteilt wird man am Morgen vom Butler mit Frühstück geweckt, sehr früh, denn der Tag will mit Besichtigungen gefüllt sein, und an dieser Stelle flieht ein jeder, der noch alle Sinne beisammen hat. Noch drei Nächte dieses merkwürdige Theater, das ist unvorstellbares Elend. So alt, dass man sich beweisen muss, dass man es geschafft hat, möchte doch keiner werden. Und fliehend ist man erleichtert und ein wenig traurig, ob all der Bilder, die vielleicht noch im Kopf auf Einlösung warten, denn man ahnt, dass die Erde in den meisten Fällen real ein unangenehmerer Ort ist, als man sie sich in seinen Träumen denkt. Der Fliehende kreist im sicheren Flugzeug über Chiang Mai und vermeint unten einen reizenden Zug auszumachen, in dem gutgekleidete, ältere Menschen sitzen und sich gegenseitig versichern, wie schön sie es haben.

P. S.

Moskau, 29. März 2010. Bei zwei Explosionen in der Moskauer Metro starben mindestens 40 Personen, über 100 wurden zum Teil schwer verletzt. Die Anschläge wurden Selbstmordattentäterinnen zugeschrieben.

Minsk (Weißrussland), 11. April 2011
Bei der Detonation einer ferngezündeten, mit Nägeln und Metallteilen ausgestatteten Bombe auf dem Bahnsteig der Station Kastrytschnizkaja (Кастрычніцкая) der Metro Minsk kamen 15 Personen ums Leben. Die beiden zum Tode Verurteilten wurden trotz strittiger Sachlage vor Gericht 2012 durch Genickschuss hingerichtet.

Rangiya (Indien), 10. Juli 2011
Bei einem Bombenanschlag auf die Bahnstrecke zwischen Rangiya und Ghagrapar wurde ein Stück des Gleises weggesprengt. Als anschließend der Schnellzug von Guwahati nach Puri, Nalbari, Assam, die Strecke befuhr, entgleiste er. 100 Menschen wurden verletzt.

Dozan (Pakistan), 16. August 2013
Zwei Menschen starben bei einem Raketenangriff der Balochistan Liberation Army auf den Jaffar Express in Dozan, einem Vorort von Machh in Belutschistan, kurz vor der Einfahrt in den Bahnhof von Bolan. Am 21. Oktober 2013 starben sieben Menschen bei einem Bombenanschlag auf den Jaffar Express. 17 weitere Personen wurden schwer verletzt. Am 8. April 2014 explodierte im Bahnhof von Sibi eine Bombe der Terrororganisation United Baluch Army, 16 Menschen kamen ums Leben.

Kunming (Volksrepublik China), 1. März 2014
Der Messerangriff einer Gruppe uigurischer Separatisten auf Reisende im Bahnhof von Kunming kostete 34 Menschen das Leben, 143 weitere verletzt.

Belgisch-französische Grenze (Frankreich, Belgien), 21. August 2015
Ein Attentäter eröffnete mit einem Sturmgewehr das Feuer auf Passagiere des Thalys-Zuges, mehrere Personen wurden verletzt.

Brüssel (Belgien), 22. März 2016
Bei einem Bombenanschlag auf die Metro Brüssel starben mindestens 20 Menschen, etwa 130 wurden teils schwer verletzt. Etwa eine Stunde zuvor detonierten bei einem Anschlag am Flughafen Brüssel-Zaventem zwei Sprengsätze. Die Anschläge sind auf die gleichen Täter zurückzuführen.

Im Wunderland der Gardinenkleider

Bayreuth, 31. Dezember 2004

Das vorherrschende Gefühl am ersten Abend meines Bayreuth-Aufenthaltes ist ANGST. Umzingelt von Männern, die im besten Falle Stoiber, bei ungünstiger Ausleuchtung Mengele sein könnten. Gegerbte, braune Gesichter und Smokings, weißes Haar akkurat über die hohe Stirn gelegt, die Gattin dazu könnte sehr gut in einem Freikörperverein Schönheitstänze machen und kleine Fahnen schwingen. Und was haben die nur an? Warum sehen die Trikotagen (in Klatschzeitungen nennt man es Roben) nur aus, wie aus einem Sack für die Altkleidersammlung. Das knittert das Zeug, schlägt Falten, ist zu kurz, lange Kleider bis zum Knöchel und den goldenen Sandalen, das geht doch alles nicht, soll das reich aussehen? Gibt es ein Kind, dann heißt es Carsten-Alexander und trägt Seitenscheitel.

Wir fahren im Oldtimerbus auf den grünen Hügel, vorbei an Burschenschaften, überall Deutschlandflaggen, hängen die da noch vom Fußball, oder wurde für Wagner gehisst? ANGST.

Ich weiß, um mich im voraus zu entschuldigen und jenen, die an ernsthafter Wagnerkritik interessiert sind, Zeit zu schenken, weder über Opern noch über Stoibers Gattin Bescheid, man kann nicht alles können, langt es doch, dass ich die Relativitätstheorie und 18 Fremdsprachen beherrsche. Die Freude an klassischer Musik, dachte ich immer, würde sich irgendwann im Alter einstellen, so wie die Vorliebe für Mobiliar. Ich glaubte, dass ich irgendwann in meiner Bibliothek säße, ein Baccarat-Kristallglas mit irgendwas in der Hand, und Schubertliedern lausche oder bei trüber Witterung Wagner. Semmelblonde Kinder sprängen mit altklugen Gesichtern in meiner Holzbodenwohnung herum und würden sagen: *Mamon* (also Französisch), das ist aber eine schlechte Aufnahme der Todesvariationen. Das Adagio ist verschleppt.

Allein, es kam mit dem Alter weder Freude an überbordendem Mobiliar noch an Musik. Eher immer weniger Musik, immer weniger Möbel, denn das Bewusstsein, dass einer all das Gerümpel zu entsorgen hat, in Kopf und Behausung, verleidet mir als höflichem Mensch ausufernden Konsum und Kaufgebaren. Wagner hieß für mich DEUTSCH, braun, Kitsch, Neuschwanstein, Walhalla, Schäferhunde, die Tochter von F. J. Strauß – alles Dinge, die uninteressant sind.

Die Gesellschaft in der ich mich vor dem Opernhaus befand, tat nichts, um Vorurteile zu entkräften. Der erste Abend: *Tristan und Isolde* von Marthaler. Und nach 10 Minuten werde ich bleischwer. Mit Marthaler-Inszenierungen geht es mir wie mit manchen Menschen. Sie bieten nur die Tageszeit, und ich falle in ein Halbkoma. Es stehen Stühle anstelle der sonst üblichen Bürotische herum, Tristan sieht aus wie Konsul Weyer, Isolde singt sehr laut, nein, nichts dagegen, singen können sie, das Orchester aus der Versenkung hat einen nie gehörten Klang, aber wie sieht das nur aus? Und wozu muss man inszenieren, wenn die Leute dann eh nur auf der Bühne stehen und singen? Neonröhren schweben am Himmel, wackeln hin und her und diese muffige Vätergeneration-Dekoration, dieses 68er Trauma – interessiert mich das, dieses DDR-Elend? DDR bin ich selber. Es war eine andere Revolution, in einer anderen Zeit.

Die Langeweile macht jeden Muskel kribbeln, Schmerzen in Rücken, Gliedmaßen, links und rechts Reihen voller verzückter Stoibers. Wie kommt man hier raus? Zu Tode langweilen, endlich weiß ich, was das heißt: Lieber sterben wollen, als das weiter erleben müssen. Eine Dame hat einen Kollaps und wird unter lautem Gerumpel entsorgt. Oh ja, man reiche mir einen Kollaps.

Erregt das jetzt wirklich die Zuhörer? Ihre beherrschten Gesichter verraten nichts. Ist Wagner Rock für emotional Unterentwickelte? Geraten sie außer sich, wollen tanzen, schreien, ein Leben im Takt dieser Musik? Was immer es ist, ich werde das Rätsel an jenem ersten Abend nicht lösen.

Bayreuth ist eine Perle in Bayern. Oder auch: die größte technische Revolution, auf die ein Urinstrahl treffen kann. Entschuldigung, das gehört nicht hierher, Werbung im Hotelzimmer-TV, was man im Fernsehen alles sagen darf, ohne bombardiert zu werden, Bayreuth also wirkt unendlich reich. Das Fichtelgebirge lappt in der Umgebung, die Häuser geputzt und renoviert, berauschend schöne Dreißiger-Jahre-Villen in grünen Seitenstraßen, und das wiederaufgebaute Haus Wagners.

Alleen, ein Park, und die allumfassende Aura des Wahns. Ich

sitze in der Bibliothek, Musik, ich vermute Wagner, rollt durch den Raum und will etwas ganz Großes. Etwas Hehres, in dem jeder Untermensch stört. Wagner, aus dem ernsthaften Volk in der Mitte, nicht verrückt wie die Nordländer, zu kalt, um als Südländer durchzugehen. Zu groß, um sich selber ignorieren zu können. Ernsthafter Wald, ernsthafte Kunst, ernsthafte Philosophen, schwere Menschen mit rechteckigen Gesichtern, die in ihrer guten Ausprägung vermutlich nach etwas Gottähnlichem suchen, außerhalb ihrer selbst: DER DEUTSCHE WALD. Die Reinheit der Kunst. Dieses Ringen, sich selber zu verlassen, sich zu erheben über die Trivialität des Lebens, des Sterbens, die albernen Jahre dazwischen. Es wäre doch alles nicht schlimm, wenn sie einfach, sonor über Schopenhauer diskutierend, auf Kreidefelsen herumgestanden wären, wie Stöcke, aber dann kam wieder der Mensch dazwischen, der sich denkt, wenn ich schon mehr denke als andere Völker und weniger Spaß habe, dann bedeutet das, ich bin ihnen überlegen. Dann muss doch die ganze Welt so aussehen. In Gehröcken Haltung bewahrend, Meister der Beherrschung, größte Verleugner des Originaltones. Was ist nur aus den Deutschen geworden? Wie traurig ist das alles. Diese fettwurstessende Gemeinschaft von Fußballprolls. Hurra, wir sind Deutschland, und wir sind stolz darauf. Worauf nur, ihr Dumpfbacken? Dass wir die Fahne wieder ansehen können, ohne uns zu übergeben? Dass sich das Land von allem Dreck reinigt, braucht sicher noch hundert Jahre, denke ich, als ein Bayreuther mir auf dem Fahrrad auf dem Fußweg entgegenkommt, nicht ausweicht, und brüllt: Rechts gehen! Fast rauscht mein rechtes Ärmchen gen Himmel. Ob das je ausstirbt? Dieser Hass auf sich selber, der sich in Hass auf jeden entlädt, der nicht ist wie man selber. Vielleicht. Und dann wird Deutschland wieder ein normales Land. Mit vielen dummen Menschen wie überall, und ein paar guten, die versuchen, die Welt zu einem besseren Ort zu machen.

Im Haus Wahnfried, ich liebe diesen Namen, wenn ich Kinder bekomme, werde ich sie alle so nennen, lese ich die Notizen zur Parsifal-Inszenierung von Schlingensief, geschrieben von seinem Dramaturgen Carl Hegemann. Diese große Albernheit des Lebens, egal ob man Künstler ist, versucht sich und anderen eine Idee oder eine Möglichkeit zur Verdrängung zu geben, man wird vermodern, Maden werden tanzen, in uns allen, und dumm, wem das nicht täglich klar ist. Die Musik in Wagners Nachbaubibliothek bekommt etwas Schweres, Sehnendes. Rührend eigentlich, aber mögen kann ich ihn nicht Es gelingt mir nicht, den Judenhass aus seinem Hirn zu abstrahieren und mich der Reinheit seiner Kunst hinzugeben. Kann etwas Heiliges aus einem wirren Hirn entstehen? Aus etwas Bösem etwas Gutes werden?

Am zweiten Abend Schlingensiefs *Parsifal.* Eine übervolle Drehbühne, tote Hasen, Projektionen, Selbstmordattentäter, KZ-Stimmung, Slumhäuser, venezianische Brücken, alle Minuten ein neues Bild, das ist ganz großartig, da passiert was, da wird das Hirn angeregt, da kommt man ins Assoziieren, das ist Kunst, man spürt ein Anliegen, aber man muss es nicht deuten, kann interpretieren. Was bin ich dankbar für Schlingensief, der weitermacht und dem das Buhen der Wagnerianer am Ende sicher wehtut, wem tut so was nicht weh, stehen wir doch alle nicht über unserer Eitelkeit, noch nicht, das kommt vielleicht noch, und wie tragisch, dass die Menschen, die diese Inszenierung sehen sollten, nie eine Karte bekommen werden. Da ist doch dieser Wartezirkus mit den Tickets, und die Verteilung, an wen auch immer, auf jeden Fall nicht an Leute aus meiner oder Schlingensiefs Familie. Das Ansinnen, alle zu erreichen, auch Stoiber und seine Frau, ist ehrenwert, aber vermutlich eine sehr schwere Aufgabe. Sicher, das sind auch Menschen, doch es steht ihnen zu, einen anderen Geschmack zu haben. Sie wollen Wiederholung, Tradition, große Gesten und untergehende Sonnen auf der Bühne. Das ist, was sie glücklich macht. Man mag es ihnen gönnen. Es hat ja Raum für vieles in unserem Leben, nebeneinander, übereinander, Parallelwelten. Solange sie nicht böse werden, können sie anders sein, bis zum Umfallen. Manche wollen an das Erhabene glauben, wenn es ihnen hilft, bei ihrer Art Lebenstheater, bitte. In Schlingensiefs Arbeit sehe ich eher den Menschen, der immer kleiner ist als das, was er kreieren kann.

Die Welt, die so ein hässlicher Ort ist, hinter den Fassaden oder auch schon davor. Da kann man sich doch nicht in grüne Auen flüchten und von der Schönheit der Erde reden. Kann man doch. Interessiert mich aber nicht. Wie gehen wir würdevoll unter, zusammen mit diesem Müllhaufen, den wir geschaffen haben? Mit diesen Geschwüren von Häusern. Nicht nur in Indien oder Afghanistan, wir sitzen ja mittendrin. Diese Lieblosigkeit, mit der Deutschland zurechtgezimmert wurde, die ist da, doch, die atmen wir ein, jeden Tag, selbst in Bayreuth. Die Buden, der Schlecker, all dieser Dreck. Zwischen dem sich Menschen seitlich bewegen, weil geradeaus nicht mehr geht, wegen des Bauchs. Arme Menschen, arme Erde, es bleiben nur Fluchten, kleine Momente, zu denen einem Künstler verhelfen, in denen man eins wird mit seinem Kopf und verschwindet aus all dem Dreck, dem Körper, den Wurstbuden und eine Idee hat oder Hoffnung, wie es sein kann, wenn wir diese Welt verlassen dürfen. Vielleicht ist Totsein wirklich nicht die schlechteste Alternative. Und bis dahin nur noch Auen ansehen, und Kunst, und entrückt in den Himmel schauen, der immer da sein wird, den konnten wir noch nicht verbauen, und träumen, dass sich das Ende mit dem, wovon wir träumen, in seltenen Momenten guter Kunst decken wird. Ehe man wieder auf dem Boden landet. Und um sich sieht. Politiker sieht, die der Musik eines Antisemiten lauschen.

P. S.

Schlingensief ist tot.

P. S. 2

Am 3. Juli 2015 feierte Martin Kušejs Inszenierung von Mozarts »Entführung aus dem Serail« auf dem wichtigsten Opern-Festival Frankreichs Premiere, in Aix-en-Provence. Der Intendant des Münchner Residenztheaters ließ drei Stunden vor Beginn über seine Pressestelle verlauten, dass die Direktion des Festivals »entscheidend in die Aufführung eingegriffen und Szenen ohne seine Autorisierung verändert« hätte. »In zwei drastischen Bildern hätte Kušej die terroristische Praktik, Geiseln vor islamistischen Parolen zu filmen, zitiert«, so die Mitteilung, »und hätte am Ende des Stücks einen Akt der Insubordination des Hardliners Osmin gezeigt, der sich dem Befehl seines

Herrn Selim Bassa widersetzt, diese Geiseln freizulassen. Während des jubelnden Schlusschores hätte er ihm die in blutige Fetzen gewickelten Köpfe der Gefangenen vor die Füße geworfen.« Die Zensur ist durch den terroristischen Anschlag auf die Gasfabrik in Lyon vom 26. Juli 2015 motiviert, dort wurde ebenfalls ein Mann enthauptet.

Die Freunde hinter den Bergen

Wallis, Dezember 2014

Das Wallis war nicht die erste Region in der Schweiz, die ich kennenlernte. Aber vielleicht die nasseste. Ich habe keine Ahnung, ob es im Wallis immer regnet oder ob es im Wallis immer regnet, wenn ich da bin. Der erste Ort, den ich kennenlernte, war Gampel. Fluss in der Mitte, Migros links, Coop rechts, Berg am Ende. Hoch. Bevor ich die Region bereiste, lernte ich als erstes, wie es sich als Touristin gehört, den Dialekt der Region. Ich erreichte eine Meisterschaft, die es mir bis heute ermöglicht, Liedertexte für eine Walliser Sängerin zu schreiben. Das ist gelogen, aber ich verstehe die Sprache, was nicht hilft, um das Vertrauen der Walliser zu gewinnen, zumal ich sehr, sehr schlecht Französisch kann. Also beschränkte sich meine Reise in den französischsprachigen Teil der Region auf Kuhkämpfe.

Kühen ist es egal, ob der Zuschauer Ausländer ist. Ausländer ist im Wallis jeder, der nicht Walliser Deutsch oder Französisch spricht. Nur ein Ereignis wie das Endfinale eines Kuh-Kampf-Turniers macht den Makel, nicht Walliser zu sein, fast unerheblich. Traditionelle Sportereignisse lösen diesen wunderbaren Zusammenhalt zwischen den Menschen aus, den es sonst nur bei Naturkatastrophen zu besichtigen gibt. Alle rücken zusammen, sind eins in einer eingeschworenen Gemeinschaft. Wir hier, die Walliser, haben diesen seltenen Sport, wir haben diese wunderbaren Ehringer Kühe, wir sitzen in diesem Regen dicht zusammen, und unsere Nervosität fliegt wie ein großer Vogel über uns. Stunden sitzen wir. Der Regen kann uns nichts anhaben und die Berge nicht, die die Sicht auf etwas versperren, was wir gar nicht sehen wollen, das Flachland, die Stadt, Orte ohne Ehringer. Beim Besuch meines ersten Kuhkampfes war ich mir sofort sicher, ich musste ins Wallis ziehen. Nie zuvor, außer bei diversen Schwingerfesten, hatte ich mich so akzeptiert gefühlt, so aufgehoben und daheim. Die Welt roch mir nach nassem Stroh und Liebe.

Die Erregung wurde später, in einem Hotelzimmer in Martigny, ein wenig schwächer. Es sah aus wie ein Hotelzimmer auf dem französischen Land in den siebziger Jahren, und es regnete draußen, falls ich es noch nicht erwähnte. Der Ort schien ausgestorben, ich hatte das Gefühl, alle seien bei einer Party, zu der ich nicht geladen war, und außer einer Kneipe war nichts geöffnet. Ich trat ein, und die traurigsten Männer, die ich jemals lebendig gesehen hatte, blickten stumm zu mir auf. Es waren drei Männer oder zehn, ich habe es vergessen, erstaunlich war, dass jeder allein an einem Tisch saß. Ich tat es ihnen nach und bekam etwas zu essen, was aus Holz bestand. Jeder Bissen wurde von den Männern beobachtet, mit gesenktem Kopf, nicht direkt. Ich ging schnell durch den leeren Ort zurück in mein kaltes Hotelzimmer, die Euphorie des Nachmittags war verschwunden, und am nächsten Tag regnete es. Ich fuhr zurück nach Gampel, da kannte ich Migros und Coop, und ich sah in Höhenlagen diese seltsamen dunklen Häuser. Hinter jedem Fenster ein Mensch, der mich zu mustern schien, wie die Männer in der Kneipe. Nicht direkt unfreundlich. Eher so, wie ein Mensch einen auf dem Rücken liegenden Käfer betrachtet. In Gampel war alles geschlossen. Irgendein im Flachland unbekannter Feiertag. Auf der Hauptstraße befand sich niemand. Vielleicht waren auch alle immer noch bei dem Fest zu Ehren der Kuhkönigin. Niemand war unfreundlich zu mir, weil es vielleicht außer dem einen Restaurantbesitzer, der von

seinem großen Schnauzbart gelenkt wurde, keine Menschen gab. Der Berg stand am Ende der Straße, der Fluss in der Mitte rauschte, nicht einmal ein Flugzeug am Himmel. Ich verließ das Wallis, es ist mir ein Rätsel. Ich liebe Orte, die sich mir nicht verständlich machen. Es reizt mich, sie noch oft zu besuchen. Vielleicht regnet es auch irgendwann einmal nicht. Vielleicht spreche ich die Sprache auch irgendwann, und der Einheimische wird mich warmherzig in die Luft werfen vor Zuneigung.

Wir werden sehen.

P. S., später, 2000

Gondo: Im Katastrophendorf Gondo werden drei weitere Tote geborgen. Damit erhöht sich die Opferbilanz des verheerenden Erdrutsches auf vier Personen. Weitere neun sind vermisst. Aus den Trümmern sind keine neuen Lebenszeichen mehr zu hören.

Baltschieder: Der Bevölkerung von Baltschieder ist es für kurze Zeit gestattet, in vereinzelten Gruppen in ihre Häuser zurückzukehren. Unter der Aufsicht von Rettungskräften können sie persönliche Gegenstände und Kleidung für die kommenden Tage einpacken. Das Dorf ist für die Betroffenen ein erschütternder Anblick der Verwüstung.

Mattertal: Das Nikolaital ist noch immer ausschließlich via Helikopter erreichbar. Die Schäden an der BVZ-Zermatt-Bahn sind gravierend. Zwischen St. Niklaus und Zermatt entsteht ein Bus-Notbetrieb. Hunderte Touristen wollen aus dem Katastrophengebiet flüchten oder ihre Angehörigen informieren. Es beginnt der Kampf um ein Helikopterticket.

Saastal: Das Nachbartal Saas ist komplett von der Umwelt abgeschnitten, der einzige Kontakt zur Außenwelt ist über den Luftweg möglich.

Im übrigen Teil des Wallis laufen die Aufräumarbeiten weiter. Der Schaden beläuft sich auf schätzungsweise mehrere Milliarden Franken.

P. S. 2, 2015

Mutterkühe haben in Laax GR eine Wanderin († mit 77) getötet – auf einem offiziellen Wanderweg. Jetzt fordert der Verein der Bünder Wanderwege Maßnahmen.

P. S. 3, 2015

Mit dem Niederschlag stieg die Lawinengefahr im Westen der Schweiz auf die zweithöchste Stufe »groß«.

Irgendwie Hochzeitsgast

London, 1. Juli 2011

Am Tag vor der Hochzeit zweier junger netter Menschen, die uns alle nichts angehen, nachfolgend nur *das Ereignis* genannt, kollabiert die Medienberichterstattung, nachfolgend nur *die Medien* genannt.

In den Wochen vor *dem Ereignis*, das Datum der Hochzeit wurde behutsam auf den Tag der Eheschließung von Eva Braun und Adolf Hitler im Jahre 1945 gelegt, lasen und sahen wir immer neue absurde Meldungen über das Königshaus. Gleichsam so, als seien *Die Medien* froh, nicht mehr über demonstrierende Menschen (wir erinnern uns alle an das Foto des entrüsteten arabischen Mannes, der ein Pappschild mit der Aufschrift: Juice = Nazis in die Luft hielt) oder Tsunamis berichten zu müssen. Auch der rothaarige (!) Ex-Rittmeister und Ex-Diana Geliebte James Hewitt, der heute eine Bar in Marbella betreibt, durfte irgendetwas sagen. Da will ich nicht fehlen. Eigens für *das Ereignis* bin ich nach London gereist und habe mich in eine rechte Position nach der Trauungskirche gebracht. Aber eins nach dem anderen.

Was für ein Ereignis, *das Ereignis*!

Prinz William, Sohn von Diana, Gott hab sie selig, und Charles, dem einzigen Menschen, der in der Königsfamilie interessant sein könnte, aber das auch nur durch seine Freundschaft zu Mr. Bean, heiratet eine Bürgerliche.

Kate Middleton, nachfolgend »Kate« genannt, 1982 geboren als Tochter eines Piloten und einer Stewardess. Ihre Mutter,

Frau Goldsmith, aller Nachforschung nach kein Juice, stammt aus sehr einfachen Verhältnissen, was uns egal wäre, in England mit seinem reizend altmodischem Standesdünkel aber immer noch sehr viel Beachtung findet. Klar ist, dass die Kinder es besser haben sollten. Herr und Frau Middleton, mit hervorragendem Knochenbau, die nach ihrer Fliegerlaufbahn mit Partyzubehör Millionen verdienten, sandten ihre drei Kinder auf angesehene Schulen. Kate landete an der Universität St. Andrews, die als Heiratsinstitut der besseren Gesellschaft gilt. Dort lernte sie 2002 William kennen. Anzunehmen ist, dass Kate und William ineinander verliebt waren, denn die Beziehung hält, mit einer kurzen Pause wegen jung und trotz des albernen Berufs des jungen Prinzen.

Seit Kate und William sich letzten Oktober verlobten – unheimlich, für mein Empfinden, der Ring der toten Diana am Finger von Kate, blau und geschmacklos, mit Leichengift überzogen –, wird der Mediengau vorbereitet. Sechzig Kameras sind auf THE MALL installiert, dem Weg vom Buckingham Palace zur Westminster Abbey, wo die Trauung stattfinden wird, rund drei Milliarden Zuschauer werden das Ereignis verfolgen, allein die deutsche Wirtschaft rechnet mit Verdienstausfällen von drei Millionen wegen glierender Angestellter. Nicht zu schweigen von ganz England mit einem kompletten arbeitsfreien Tag.

Drei Milliarden Menschen sehen also zu, wie eine junge Frau, früher Assistenz-Accessoire-Einkäuferin eines Modelabels, danach im Unternehmen der Eltern tätig, und ein junger Mann, der sich hauptsächlich durch eine schwierige Kindheit auszeichnet, heiraten.

Die Gästeliste ist für meine Begriffe unspektakulär, bis auf den eingangs erwähnten Rowan Atkinson werden noch Elton John und sein Mann, Joss Stone und die Beckhams anwesend sein. Der Rest ist Adel, vierzig Stück, saudi-arabische Prinzen und Staatsleute unterer Chargen. Der Staatsvertreter Syriens wurde, wie meine Informanten aus dem Weißen Haus verlauten lassen, ausgeladen.

Seit drei Tagen campieren Geisteskranke an der Wegstrecke zur Kirche, die fast tausendjährig ist und in der auch Prinz Charles in erster Ehe heiratete, sie schwenken Fahnen, stammeln von Lady Di und murmeln: Eine Bürgerliche, eine Bürgerliche ... Unerheblich zu betonen, dass man jeden Tag weltweit an ein paar Milliarden bürgerlicher Hochzeiten teilnehmen könnte und es vermutlich interessanter wäre, wenn der junge William, dessen einziger Verdienst es ist, jahrhundertelangen Inzest unbeschadet überlebt zu haben, einen Mann heiratete. Kate Middleton wird den Titel *Her Royal Highness the Duchess of Cambridge* tragen, das ist mehr als der schöne Konsul Weyer, aber weniger als der Doktor in Kybernetik. In einer Zeitung war ein Foto der gesamten königlichen Familie zu sehen, auf dem Balkon des Palasts. Alle mit offenem Mund, alle mit Deix-Gesichtern. Aber wollen wir mal keine Spielverderber sein, die Engländer halten sich ihre Könige wie ein teuer subventioniertes Theater. Das Stück *Die gute alte Zeit* handelt von Träumen unbefriedigter Arbeitnehmer, die sie auf die Akteure projizieren können. Eine liebenswerte Marotte, und die jungen Menschen, die meinen, dass die Millionen, mit denen das Königstheater subventioniert wird, doch besser in die Bildungspolitik gesteckt würde, verstehen einfach keinen Spaß.

Und der geht langsam los. Es ist gegen zehn. Das niedere Volk, Diplomaten, Wohltätigkeitsverbände, schlendert in die Kirche, alle aus guten Familien, die Gesichter der Männer lassen auf weitverbreiteten Alkoholismus schließen, mit den Farben Fuchsia und Mauve kann man nichts verkehrt machen, denken sich die Damen, und ich sage: Man kann.

Danach folgen die Prominenten, in mitternachtsblau und schwanger – Victoria Beckham mit ihrem gutangezogenen

Mann, Elton John, der wie alle Männer, die sich die Haare färben, so einen Rostton auf dem Kopf trägt, der verrät: Hier wurde am Friseur gespart.

Die Monarchie und die Rechtspolitik, die Besinnung auf Werte und Traditionen sind im Moment stark wie lange nicht mehr. Es ist die Angst vor einer anstehenden Neugestaltung der Weltordnung, was bei der Weltbevölkerung einen starken rückwärtsgewandten Reflex auslöst. Die besseren Familien. Das Schloss. Der Wind, die Kälte, die Hunde, der Alkohol und die durch das Boardingschool versaute Innenleben der armen Briten. Das bekommt doch Kindern nur mäßig, auf diesen zugigen Pritschen weg von daheim, vom Kastell und den Hunden.

Kurz vor elf, die gesamte Welt dreht durch, das Internet explodiert. Auf Twitter folgen Fünfzigtausend dem Royalwedding-Programm der BBC, TwitterInnen aus der ganzen Welt kommentieren das Ereignis, entweder mit coolen Witzen oder aufrechter Ergriffenheit. Ein kollektiver Zwang, das Ereignis nicht zu verpassen, wie 9/11, man könnte was versäumen, man könnte nicht mitreden können.

William rollt gerade in Begleitung seines Bruders, der heute auf das Tragen der Hakenkreuzarmbinde verzichtet hat, was viele ältere Zuschauer sicher enttäuscht, zur Kirche. William in einer roten Phantasieuniform. Und langsam greift der emotionale Moment des Ereignisses auf mich über. Ich vergesse jetzt die Werbeveranstaltung zum Erhalt der Monarchie, es geht doch um Liebe. Glaube ich.

Ich und die anderen geladenen und ungeladenen Gäste warten bereits über eine Stunde in der Kirche. Ob sie austreten können? Überall in London stehen Massen gebannt vor Riesenleinwänden. So funktionieren Kriege und Fußballspiele.

Die Queen kommt. In Gelb. Sie trägt ein Deckchen über den Knien und winkt mir. Die Stimmung wie beim Elfmeterschießen. Und da, endlich, die Welt erstarrt: die Braut. Drei Milliarden starren eine 29-Jährige an, sie trägt, Trommelwirbel, ein Kleid.

In Crème, wie es sich gehört, schlicht, der Rezession angemessen, von der unglaublichen Sarah Burton für Alexander McQueen, der sich vor einem Jahr erhängt hat. Ein Satinkleid, überzogen mit Spitze, ein wenig 30er, mit Drappement am Gesäß. Im Haar eine Cartier Tiara von der Queen, ich merke, wie ich verblöde. Sie haben mich!

Kate und William stehen vor dem Altar, William macht kleine Scherze, Kate ist ein bisschen nervös, überraschenderweise wollen sich beide heiraten. Der Erzbischof ist erleichtert. Das Jawort!!! Draußen in der Welt liegen sich Millionen, was sage ich, Milliarden weinend in den Armen. Die Stimmung im Fußvolk, wo ich mich aufhalte, ist so, wie ich mir das Ende eines Kriegs vorstelle. Das geknechtete Volk steht, der Feind zieht ab, es gibt wieder Essen, und die Sonne scheint. Mutter, bist du es? Ja, Torben, Torben kehrt nach zehn Jahren auf dem Schlachtfeld heim. Und so weiter..

Das Paar steigt in die offene Kutsche und fährt an den emotionalen Menschen vorbei. Wir sind alle in diesem Moment eine Gemeinschaft, wir bilden uns ein, es gäbe nur Liebe und Prinzessinnen auf der Welt, die neu hergestellte Prinzessin winkt, als beuge sie sich aus einem Zugfenster.

Die Menge hat nun Zeit, zum Palast zu schieben, denn zum Abschluss wird es den Kuss auf dem Balkon des Buckingham Palasts geben, der Orgasmus für die Menge, die Erlösung, der Startschuss für hemmungslose Besäufnisse.

Und dann erfolgt der kürzeste, teenagermäßigste Kuss ohne Zunge der Filmgeschichte. Kinderwinken und noch ein Kuss, bevor sich die Flugzeuge in den Buckingham Palast bohren. Die königliche Familie verschwindet in den Palast, dort gibt es Fingerfood des Schweizer Hoflieferantenkochs, des Bielers

...WHILE I GIVE TO YOU...
...AND YOU GIVE...
...TO ME...
...TRUE LOVE...
...TRUE LOVE...
...SO ON AND ON...
IT'LL ALWAYS BE...
...LOVE FOREVER TRUE!

Anton Mosimann, die Menschen unten gehen mit einem leichten Kater nach Hause. Das war sie also, die Märchenhochzeit, die millionenverschlingende, die globale Umarmung, der Taumel. Es war großartig. Romantisch und perfekt. Und nun ist irgendwie alles – wie vorher.

Ich liege allein in meinem kleinen Hotel, im Fernsehen laufen in Endlosschlaufe die Bilder des Tages. Ich weine.

P. S.

In ganz Großbritannien werden muslimische Frauen durch Scharia-Gerichte systematisch unterdrückt, missbraucht und diskriminiert. Ein neuer Bericht warnt vor der wachsenden Ausbreitung dieser islamischen Tribunale im Vereinigten Königreich und zeigt, wie der wachsende Einfluss des Scharia-Rechts die Gleichheit der britischen Bürger vor dem Gesetz untergräbt, indem Frauen als Bürger zweiter Klasse behandelt werden.

Der 40-seitige Bericht »A Parallel World: Confronting the Abuse of Many Muslim Women in Britain Today« wurde von Baroness Caroline Cox geschrieben, unabhängige Abgeordnete des britischen Oberhauses und eine der führenden Verfechterinnen von Frauenrechten in Großbritannien.

Das Totenschiff

Meer, 3. August 2012

Noch in Sicherheit. Das Licht ist außerordentlich hell, es ist März, und die Sache wird nicht besser durch die Sonne, die in einem allzu ehrlichen Winkel den weißen Haufen Metall bescheint. Davor drängt sich die Menschenmasse, zu der keiner gehören will und die nur aus den anderen gebildet wird. Rund viertausend andere, jeder in der Lage, über 1000 Euro für eine Minikreuzfahrt zu zahlen: Da ist er, der ehemals solide Mittelstand, die Basis der Gesellschaft, die heute eher das Füllmaterial bildet, auf dem die Globalisierungsgewinner herumspringen.

Sie sind Ticketkontrolleure, Sachbearbeiter, Personalchefs bei der Post und Sachbearbeiterinnen bei den Elektrizitätswerken. Sie sind aus Korea gekommen, Brasilien, China, viele Italiener stehen hier in Savona, jetzt erst recht, um ihrer Kreuzfahrtgesellschaft Costa, die Amerikanern gehört, die Stange zu halten. Aufgeregt ist er, nervös, der Mensch vor der Technik, vor der Titanic, wie groß die ist. Extrem groß, absurd groß ist das Ding, es scheint die beschauliche Mafiastadt zu verdunkeln, zwölf Geschosse hoch, zweihundertneunzig Meter lang. Knapp viertausend Passagiere, tausendeinhundert Angestellte. Das sind eindeutig mehr Menschen als in einem Hochhaus, und mit dem fährt ja verdammt nochmal auch keiner auf dem Wasser herum. Alle Altersgruppen, ein Paar Rollstuhlfahrer, eine Gruppe geistig Behinderter, viele Junge, sehr viele Junge, und alle ähneln sich. Das ist das Erschütternde, denn man denkt doch, dass sich die Welt um einen selber dreht, und dann das Aufblitzen der Erkenntnis, dass alle so gleich aussehen, weil der Hersteller mit so einem Gesicht nicht viel mehr machen kann, als Augen, Mund und Nase anzubringen.

Falls man es noch nicht ahnte, was reichlich seltsam wäre, dass man mit Betreten eines Kreuzfahrtschiffes, eines Schiffes also, das ohne Sinn, Verstand und jegliche Beförderungsleistung auf dem Meer herumeiert, seine Individualität, die es vermutlich nie gegeben hat, aufgibt, der weiß es jetzt. Nach der Ablieferung des Personalausweises, jede Möglichkeit zur Flucht genommen, wird der Mensch fotografiert. Vor einer gemalten Meereskulisse, mit zwei grinsenden Stewards, die seitlich in jedes Foto springen. Tausende Mal salutieren sie, lachen sie, da weiß man, was man gemacht hat, am Ende eines Tages. Ich lasse mich mit den anderen über einen Steg an Bord schieben, verwirrend viel gehämmertes Messing macht meinen Blick nervös, an jeder Ecke ein menschliches Schild, das den Weg weist, teilnahmslos blickende Angestellte, und alle scheinen von den Philippinen zu kommen. Sie weisen die Gäste zu Fahrstühlen, die, mit nackten Göttern bemalt, zu flüstern scheinen: Steig ein, ich fahr dich in die Hölle.

In Europa unternehmen jährlich rund fünfeinhalb Millionen Menschen Kreuzfahrten. Das ist nur ein Prozent der Urlauber, da ist noch viel Luft nach oben. In den USA nennen Experten den Markt weitaus entwickelter. Dort sind es elf Millionen Kreuzfahrtpassagiere, die Reeder streben in Europa eine realistische Passagierzahl von jährlich 15 Millionen an. Ich hingegen vermute, dass es sich eher um siebzig Millionen handelt und dass sich bald unser gesamtes Leben auf dem Meer abspielen wird, aber dazu später. Falls ich dann noch lebe, aber auch dazu später.

An Bord. Meine Unterkunft im sechsten Stock, eine prächtige Kabine für Kabinen-Klaustrophobiker, geht von einem

Korridor ab, dessen Ende nicht zu erkennen ist. Neonlicht flackert nicht, es zwinkert nur kurz, die Röhren sammeln Kraft, in der Nacht werden sie sich um mein Bett versammeln. Die Passagiere sind ein wenig stiller geworden; überwältigt von der Größe dessen, was sie nur ahnen, ängstlich fast, ob ihrer Ohnmacht vor der Materie, betreten sie ihre Kabinen, die Glücklichen mit Tageslicht. Die anderen können sehen, wo sie bleiben, sie wollten sparen, bitte, sollen sie sparen im Neonlicht, ohne Fenster auf dem offenen Meer. Das Design gleicht den abspritzbaren Zimmern französischer Billighotelketten, die an Autobahnen wohnen. Farben aus der grün-braunen Palette und ein Balkon. In großer Verwirrung stehe ich in meinem Raum. Es erscheint mir seltsam, meine Kleidung in einen schwimmenden Schrank zu ordnen.

Mir war unklar gewesen, warum die Passagiere der Costa Concordia nicht einfach von Bord gesprungen sind, so nah am Ufer. Beim Anblick der Meeresoberfläche von meinem Balkon verstehe ich. Dreißig Meter unter mir liegt das Wasser, viele haben nur versiegelte Bullaugen in ihrer Kabine, manche nicht einmal das, aber der Fernseher funktioniert einwandfrei, Oh, schon wieder ein Unglück. Vor Borneo dümpelt ein Kreuzfahrtschiff nach einer Brandhavarie manövrierunfähig im offenen Meer. Prost. Die Sirene ertönt. Siebenmal ein langer Ton, sieben ist eine Glückszahl, ich finde die Nottreppe. Über die ich mich sehr langsam zwischen hunderten der anderen zum vierten Deck schieben lasse. Wir tragen unsere Schwimmwesten, korrekt, als gäbe es dafür einen Preis. Auf Deck Vier befinden sich die Rettungsboote. Sie bieten genug Platz für alle an Bord. Heißt es in diversen Notfallmerkblättern. Was da immer so behauptet wird. Theoretischer Platz für angenommenes Überleben. Wie bekommt man viertausend Menschen auf diese kleinen Boote? Die Passagiere stehen unruhig, sie wollen Spaß und nicht an Rettungsboote denken müssen, sie wollen das Meer als Postkarte. Die Jungen checken die Mädchen, die Erwachsenen betrachten sich widerwillig. Stellen sich den Notfall vor. Wem würde man Platz machen, wem seinen Arm reichen. Wie werden sie aussehen, die reizenden älteren Italienerinnen, der Blinde dort links, die coolen gegeelten Jungs in Panik, nass, ohne alles, was sie ausmacht im Kapitalismus. Wie werden die Menschen ohne iPhone aussehen, in Rettungsbooten. Nach der ersten Aufregung kommt die Langweile, die Passagiere unterhalten sich und glauben an die Unsterblichkeit. Nervös wirkendes Personal, scheppernde Lautsprecheranlagen. Nach vermutlich zwanzig Minuten stehen sie dann in unsicheren Reihen, addiert man Dunkelheit und Hysterie dazu, ist das Gefühl nicht wirklich beruhigend. Doch wer glaubt schon, dass es ausgerechnet ihn erwischt?

Um fünfunddreißig Prozent brach das Vorausbuchungsgeschäft der Costa-Linie ein nach dem Untergang und der Havarie auf hoher See. Europäer ließen sich selbst von Sonderangeboten nicht überzeugen, doch die Kundschaft aus Asien und Südamerika zeigte sich unbeeindruckt. Die Schifffahrt ist eine relativ sichere Art, seinen Urlaub zu verbringen. Obwohl heute die kommerzielle Schifffahrt mit 100 000 Schiffen drei Mal so groß ist wie 1912, ist die Zahl der Unglücke im Verhältnis um die Hälfte gesunken, das höchste Risiko ist menschliches Versagen, das war schuld an 75 % aller Havarien. Im Konkurrenzkampf kalkulieren die Reedereien Besatzungen sehr eng, was heißt: das Personal ist überfordert und übermüdet. Die Angestellten kommen meist aus Schwellenländern, wie man die Dritte Welt heute politisch korrekt nennt, oder noch korrekter, sie haben einen Migrationshintergrund und kommen aus Gebieten mit unterschiedlichen Prüfungsanforderungen. Die Titanic war im Vergleich zu den heutigen Megaschiffen ein Bötchen. Eine schwimmende Kleinstadt zu evakuieren oder eventuellem Terror zu begegnen, ist vermutlich eine noch ungelöste Herausforderung.

Der erste Abend. Der Mensch ist eine Verdrängungsmaschine. Aufgeregt springt er durch das Schiff, um seine neue kleine Welt für ein paar Tage zu erobern. Von oben bis unten, verwirrend, nicht zu verstehen, fünf Restaurants, drei Pools, Rutschen, Blubberdinger, ein Spa, ein Kasino, eine Kapelle, eine Bibliothek, eine Disko, fünf Bars, Gym und eine Einkaufszeile. Was vergessen? Ja, den Designer. Design-Architekt Joe Farcus hat sechzehn Schiffe der Carnival Cooperation, zu denen die Costa-Linie gehört, komplett designt. Vermutlich zeichnet er auch für die Gestaltung dieses Bootes, nachdem er einen fiebrigen Traum hatte. Mythologie, Götter, Flammen waren ihm wohl erschienen, und dann gab es kein Halten mehr. Das Schiff sieht aus wie ein Campingplatz, der Las Vegas spielt. Chrom spielt eine große und wichtige Rolle, gehämmertes Messing, rote Flammenskulpturen und Leuchten, Götter, Plastikpuppen, grün, rot, funkelnd, Spiegel, Glasaufzüge. Die Passagiere staunen. So schön hat es zu Hause keiner. Das Schiff legt ab. Doch kaum einer interessiert sich dafür, nur vier Tage Zeit, man muss alles mitnehmen, benutzen, ausnutzen. Man kann auf dem Schiff Spaß haben, wenn man nur den Kabinenpreis zahlt. Täglich drei Mahlzeiten, die ausschließlich den Zweck erfüllen, den Menschen satt- und ruhigzustellen, die Pools, die Sonnendecks und das Gym sind im Preis enthalten. Alles andere kostet extra, und zwar gewaltig. Massagen für 160 Euro, alkoholische Getränke, der gelangweilte Mensch kann sich hier schnell um Kopf und Kragen zahlen.

Der Kapitalismus verlangt nach einer optimalen Person-Quadratmeter-Optimierung. Darum geht der Trend zum Megaschiff. Und damit auch zur Megareederei, denn ein Schiffsneubau kostet mehrere hundert Millionen. Die können fast nur die drei großen Reedereien aufbringen, die den Markt unter sich aufteilen. Die Costa Flotte gehört zu der in Miami sitzenden Carnival Cooperation, die gegen die Royal Carribian auch mit Sitz in den USA und die in Hongkong ansässige Genting Linie antritt. Ihnen gehören mehr als 75 % aller Betten auf See. Die Entwicklung zu Megaschiffen ab viertausend Passagieren wird durch eine künstlich geschaffene Nachfrage befeuert. Die großen Reedereien haben Geld für Werbung, und sie können jede Zielgruppe sehr nachdrücklich ansprechen. Angebote für Homosexuelle, für Pokerspieler, Jugendliche, Tischtennisspieler, immer mehr auch für Gesundheitsbewusste und für die Freunde kosmetischer Operationen. Es gibt unterdessen Schiffe mit angelegten Parks und Tenniscourts, da wächst eine schöne Welt des perfekten Urlaubs. Kreuzfahrten sind nichts mehr für langweilige alte Menschen, das wissen die Touristen spätestens seit der Erfindung des Aida-Club-Schiffes. Kreuzfahrten sind saisonunabhängig. Die Nachfrage steigt rasant, denn Kreuzfahrten werden immer billiger. Durch die großen Volumen sinken die Kosten, der Kunde bekommt nirgends mehr für sein Geld als auf einem Kreuzfahrtschiff. Transport, Unterkunft, Nahrung, Unterhaltung vor ständig wechselnden Kulissen. Gibt es irgendwo auf der Welt Unruhen, was täglich passiert, sind die Schiffe flexibel in der Änderung ihrer Route. Sie schwimmen in sicherer Entfernung vor den Küsten armer Länder, bis unter das Dach vollgestopft mit für die Bewohner sagen wir: einiger afrikanischer Länder unerreichbarem Luxus. Was eigentlich nur im Fall einer Havarie zum Problem werden kann. Also für die Passagiere. Viele Häfen sind für die neuen Megaliner nicht eingerichtet. Pech für sie.

Das Diner. »Wenn Sie es lieben, Menschen aus dem ganzen Land und der ganzen Welt zu treffen, bietet eine Kreuzfahrt eine tolle Möglichkeit. Treffen Sie andere Passagiere beim Dinner, in der Bar oder beim Pool – die Menschen, die Ihnen begegnen werden, kommen von überall! Auch Kinder finden schnell Anschluss während der Bordaktivitäten«, hieß es im Prospekt, der kein Prospekt mehr ist, sondern eine Online-Werbung. In einem der fünf Riesenspeisesäle, in dem die Passagiere in zwei Schichten gefüttert werden, sitze ich an einem runden Tisch mit drei aufgestellten Schweizern. Die Passagiere werden nach Ländern zusammengesetzt, damit sich schnell Freundschaften bilden. Der Campingplatz-Effekt. Die Gäste haben sich hübsch gemacht. Smart Casual. Die Herren ohne Krawatte, die heben sie sich für das Gala-Diner auf, die Menschen, die entzückt sind über all den Luxus, das Drei-Gänge-Menü, die schnelle Bedienung durch Menschen aus Schwellenländern. Der Geschmack der Nahrung ist dem Durchschnitt angepasst. Kaum gewürzt, gut gekocht. Wein, extra zu bezahlen, fördert erste Zwangsgemeinschaften. Nach Tisch ziehen sich die meisten um, wozu hat man all das Gepäck dabei, und geht in die Nacht. Im Theater turnen Artisten aus Shanghai, in der Bar singt ein Italiener, ein einsamer Herr steppt und hat Spaß, in einer anderen Bar tanzen Paare, auch das ein mir unverständliches Vergnügen. Und ich ahne langsam, worum es den Kreuzfahrtreisenden geht. Für einen Moment bin ich überwältigt von meiner Liebe zu der Spezies, der ich angehöre. Sie haben gearbeitet, ihr Leben in nicht freiwillig gewählten Zuständen verbracht, und jetzt wollen sie Spaß. Sie wollen Titanic, wollen sich reich fühlen, sich schöne, glitzernde Dinge anziehen und tanzen. Sie wollen in ein Theater gehen und Chinesen beobachten, sich international fühlen und nicht zuletzt beschäftigt werden. Rund um die Uhr. Denn den straffen Tagesablauf sind sie gewöhnt, von daheim.

Die Diskobässe wummern. Die jungen Menschen suchen sexuelle Kontakte, im beheizten Pool küssen sich einige ältere Paare, sie wissen sich betreut, versorgt, sie können all ihren Bedürfnissen sofort nachgehen, anders als im richtigen Leben, in dem sie sich viel bedrohter fühlen als auf diesem Schiff, wo sie endlich mal etwas zu sagen haben, wo sie ordern können, konsumieren, ohne dass der Chef sie bedroht, ohne die Angst, vom Arbeitsmarkt nicht gebraucht zu werden. Auch die Anwesenheit der vielen Behinderten, der Blinden, der Rollstuhlfahrer leuchtet mir ein. Hier ist alles mit Liften zu erreichen, bewegt sich die Welt vor den Fenstern, hier sind sie Kontrollierende, nicht Kontrollierte.

So eine Kreuzfahrt meint den totalen, absoluten Ausschluss von Langeweile.

Während der ersten Nacht an Bord eines Schiffes, in der Dunkelheit des Meeres, gelingt es mir schwer Schlaf zu finden. Das Schiff brettert mit 30 Knoten durch die Nacht. Unten in den fensterlosen Personalkabinen legen sich die zur Ruhe, die in Tagschichten gearbeitet haben, Jim, nennen wir ihn so, kommt von den Philippinen. Er ist nur 3 Monate im Jahr zu Hause bei seiner Familie. Er ist froh über den Job, vorher arbeitete er auf einem Containerschiff. Das war ermüdend eintönig. Hier ist was los. Hier haben die Gäste fast immer gute Laune, und seine Kinder kann er auf eine Schule schicken. Nichts Neues also in der Welt. Keiner hat bei seiner Geburt einen Vertrag auf Gerechtigkeit unterzeichnet, Gerechtigkeit, die doch nur in den Köpfen guter Linksdemokraten existiert, und die sind nicht an Bord. Sie haben vermutlich eine Segelkreuzfahrt zu den Stätten der Antike gebucht, schmiegen sich in Rattanmöbel und lesen sich Trakl vor.

Irgendwann schlafe ich ein, im Vertrauen auf den schnittigen italienischen Kapitän und die Technik und denke nicht mehr an Sprünge in kaltes, dunkles Wasser.

Das Wasser. Pro Person werden pro Tag auf einem Kreuzfahrtschiff 32 Liter Abwasser produziert, bis 3 Kilo Abfall, sowie die Emissionen der Motoren, die denen von 350 000 Autos entsprechen. Nicht zu vergessen die Abgase der Müllverbrennungsanlagen. Ein großer Teil dieser Abfälle wird natürlich in der Luft und im Ozean entsorgt.

Obgleich die neugebauten Schiffe über moderne Systeme zur Abwasserreinigung verfügen, die älteren oft nachgerüstet wurden, bleibt doch das große Problem der Abfälle von Schadstoffen, die diese Systeme erzeugen. Ammoniak, Nickel, Kupfer, Zink. Nicht gut, auch nicht gut, dass viele der Treibstoffe, die auf Schiffen verwendet werden, weitaus umweltschädlicher sind als normale Autokraftstoffe, Schiffe haben einen größeren CO_2-Ausstoß pro Person als Flugzeuge, die Entsorgung von Abfällen und Abwasser ins Meer wirkt verheerend auf Mikrosysteme und die Gesundheit der Ozeane. Im Moment gibt es etwas über 300 Riesenkreuzfahrtschiffe, doch es sind ungefähr dreißig neue in Bau. Den vorläufigen Höhepunkt dieser Entwicklung bildet die *Allure of the Seas* mit Platz für 6300 Passagiere. Länder mit niedrigem BIP profitieren nur sehr begrenzt von dem neuen Tourismustrend. Oft pachten Reedereien Landgebiete in diesen Ländern, wie zum Beispiel in Haiti, um den Kreuzfahrttouristen ein einwohnerfreies Strandvergnügen zu gewährleisten. Und natürlich auch ein bisschen, um alle anfallenden Einnahmen für sich verbuchen zu können.

Der Morgen. Selten war mein Gefühl, am falschen Ort zu sein, stärker. Zum Frühstück habe ich ein wenig Pappmaché eingenommen, die putzmunteren Passagiere beobachtet, während sie sich auf ihren ersten Landgang freuen, der am Mittag stattfinden soll. Ich hatte solche Landgänge vom Festland aus beobachtet, kleine Inseln, vor denen schwimmende Hochhäuser zum Liegen kommen, aus denen Insekten fließen. Ich hatte sie bedauert, die armen Menschen, die hektisch durch die Gassen stromern, die Angst, ihr Hochhaus zu verpassen, im Gesicht. Ich konnte mir damals keine größere Strafe vorstellen, als mit ihnen auf das Schiff zu gehen, auf dem ich Plastik und gelbe Farbe vermutete. Orte, die man nicht behende verlassen kann, Schiffe, Flugzeuge, Inseln und Trauerfeiern, machen mir immer Angst. Und nun stehe ich in meiner wahnsinnig gewordenen Kabine und warte auf den Landgang. Das Anlegemanöver ist der erste entspannte Moment meiner Reise. Ich bin begeistert, wenn Menschen ihre Berufe beherrschen, es kommt nur zu selten vor. Rückwärts einparken mit 120tausend Bruttoregistertonnen, Hut ab! Die Bedürfniserfüllung an Bord passiert mit einer beeindruckenden Perfektion. Vor dem Hafen in Palma lungern die üblichen Verdächtigen. Nepper, Schlepper, Bauernfänger. Der vernünftige Reisende wartet auf einen Bus, zahlt einsfünfzig und schon wird er an der Kathedrale freigelassen. Fünf Stunden Zeit, um Tourist zu sein. Langsam erkenne ich einige meiner Mitreisenden, sie begegnen mir immer wieder beim Taumel durch die Gassen der Inselhauptstadt. Freiheit fühlt sich überwältigend an. Ich bin geneigt, sie mit Sprüngen zu feiern. Richtiger Kaffee, richtige Menschen, auch wenn sie vornehmlich aus Deutschland stammen, Palma hat sich, seit ich vor zehn Jahren hier war, tüchtig verändert, ist wie alle reichen Orte dieser Welt zu einer großen Chill Lounge geworden. Aber nun muss ich auch schon wieder in Haft, und ich schäme mich meiner inneren Stimme. Was ist so falsch daran, ein schwimmendes Hotel zu haben, das fast wie die Yachten der Reichen auf die Heimkehrer wartet, frisch geputzt, mit sauber verklappten Abwässern. Reibungslos strömen wir wieder an Bord, und diesmal beobachten alle das Ablegen des Kahns. Eine Meisterleistung an Präzision. Ich überlege mir, was für bombastische Schäden ein durchgeknalltes Arschloch von Terrorist auf so einem Boot anrichten könnte, aber da gibt's zum Glück schon wieder Abendessen. An den Tischen plaudern die Menschen inzwischen auch ohne alkoholische Getränke. Es haben sich Gruppen gebildet, Zu- und Abneigungen haben sich erklärt, und heute Abend singt im Theater ein echter Tenor. Die Sorgfalt, mit der die Reisenden sich schöngemacht haben, rührt mich, nach »Nessun dorma« wird geklatscht, da gibt es stehende Ovationen. Sie haben etwas wiedererkannt, sie haben Kunst gespürt, die Menschen, und ich habe in jener Nacht fast das Gefühl, Teil der Gruppe zu sein.

Die Häfen buhlen um die Kreuzfahrtschiffe, aber es rechnet sich selten für sie. In den Terminals werden Anlegestellen und Infrastruktur für Megateile gebaut, die oft nur einen geringen Teil der Investitionen wieder hereinholen. Von dem, was Passagiere auf Landausflügen ausgeben, behalten Kreuzfahrtschiffe 50 Prozent und mehr als Provision ein. Die Entwicklung geht dahin, dass Kreuzfahrtunternehmen Kreuzfahrthäfen kaufen oder bauen. Damit entfällt jeder finanzielle Gewinn für die angesteuerten Länder. Da entwickelt sich eine eigne, hervorragend funktionierende kapitalistische Welt. Das Konzept von »The World« ist schon ein paar Jahre alt. Auf dem Luxusliner können sich sehr Reiche, die keine Yacht wollen oder sich keine angemessene leisten können, ein Stück Yacht kaufen. Es gibt an Bord 165 Eigentumswohnungen und einen Essensgutschein für 24tausend Euro. Die Preise können Sie bei

Content: Philip White +44 (0) 79 39 24 76 64 erfragen. Ob das die neue Welt sein wird? Auf dem Wasser wohnen, weil wir den Rest schon zerstört haben. Den Massentourismus, die Ferienclubs, die geballte all-inclusive Scheiße aufs Wasser verlegen, weil die schönen Gegenden verbaut sind? Man muss das alles nicht machen. Man kann auch ablehnen, abwinken, wenn es auch noch so billig ist. Kann sagen, ach nein, ich verzichte drauf, mit einem Flugzeug zu einem Schiff zu fliegen, die Welt mit mir vollzuscheißen, nein danke, ich will ihr Supersonderangebot nicht. Wenn man unbedingt in einem Gefängnis auf dem Meer herumschippern will, könnte man auch einfach ein Jahr sparen und mit einem kleinen lokalen Unternehmen fahren, mit kleinen Schiffen, ordentlich bezahlten Angestellten, diese Megaschiffe sind Menschenmelkmaschinen, Umweltkillmaschinen, nur weil es billig ist, muss man nicht alles mitmachen. Man kann doch auch einfach mal ruhig sein, zu Hause bleiben oder in ein kleines Hotel gehen, irgendwo in Italien, meine Güte, das kann doch nicht so schwer sein.

Und nun. Checken die Massen aus, nach einigen Tagen Vollbedröhnung, Rundumdieuhrspektakel. Gepäck vor die Tür, Menschen mit Zettelchen, die Rechnung finden sie in ihrem Kasten, auf der Rechnung finden alle einen beträchtlichen Servicezuschlag. Wütende Reisende stehen in Schlangen und erfahren, dass sie da irgendwas unterschrieben haben, im Vertrag, unten links. Vermutlich bezahlen sie mit dem kleinen Extra, bei mir sind es noch sechzig Euro für drei Kaffee, die Gehälter der Menschen aus den Schwellenländern. Draußen vor der Tür ist Sonne, die hat man in den letzten Tagen fast vergessen, in diesem dunklen Monsterkasten voller fensterloser Bars, Casinos, Tanzvergnügen, in dem man sich auflösen kann und am Ende glauben, dass hier die Welt sei, zusammen mit den anderen, die auch glauben, alles richtig zu machen, Spaß haben, einfach mal Spaß haben, Verantwortung abgeben, genießen, die Beine baumeln lassen, das Hirn, und die Sonnenuntergänge, nein so etwas Schönes. Ich rege mich auf, und das ist sinnlos. Vermutlich muss ich einfach wieder los. Auf Cruising. Ohne Ende die Welt bereisen, alle Weltmeere, aufgehen im Unterhaltungsprogramm, zerfließen im Whirlpool und am Abend mit meinen Neonröhren schlafen gehen.

P. S.

Im Januar 2016 musste erstmals ein Kreuzfahrtschiff wegen des Verdachts auf Terroristen bzw. Sprengstoff an Bord einen Hafen ansteuern.

Selber schuld!

Mergui Archipel, 27. Februar 2002

Die haben Panzerfäuste, sagt der Fotograf. Yes, Sir, sage ich, und sie richten sie auf uns. Ein brillanter Blackbox-Dialog. Bedauerlich allein, dass keine Blackbox an Bord ist, dass das Boot ein Armeeluftkissenboot ist und dass eine Panzerfaust, abgefeuert auf ein vollgetanktes Luftkissenboot, vermutlich nicht einmal eine Blackbox übrigließe. Und wenn, keiner würde sie suchen, denn wir sind am Ende der Welt. Myanmar, das früher Burma hieß, wie Raider Twix, neue Namen für eine neue Geschichtsschreibung, und besser ist die hier auf keinen Fall geworden. Burma, das goldenen Dreieck, Drogenmafia, Seepiraten, Militärdiktatur, keine Ahnung, für was die zehn schwerbewaffneten Asiaten auf dem Fischkutter kämpfen, es ist auf jeden Fall etwas anderes, als wofür wir unser Leben einsetzen würden.

Unser Luftkissenboot, gesteuert von einem Ex-Marinesoldaten, fährt langsam auf den Kutter mit den Bewaffneten zu. 40 Grad, eine kleine Bucht im Mergui-Archipel. 800 unbewohnte Inseln. Ein Marine-Militärstützpunkt und ein paar Seezigeuner. Wegen denen war ich hier. War ich, denk ich. So ist das also, worüber man ab und an einen Vierzeiler in der Presse liest. Touristen als Geiseln genommen, zu Tode gekommen. Und die das lesen denken: Selber schuld. 230 Millionen Touristen waren letzthin unterwegs. Von links nach rechts, von oben nach unten, und jeder auf der Suche nach dem ultimativen Kick. Zum ersten Mal den weißen Fuß auf fremdes Land setzen, die Fahne drauf, den Haufen dran, um Entdecken geht's den Menschen, und ist doch egal, was. Das heiße Ding der Saison ist es, mit Geländemaschinen durch die Minenfelder von Kambodscha zu heizen. Keiner glaubt, dass ihm im Urlaub was passieren kann, es ist doch gebucht zu Hause, werden doch nix Gefährliches verkaufen. Dass Myanmar eine eklige Diktatur ist, wen interessiert das schon. Hat mich auch nicht interessiert, ich bin hier, um Seezigeuner zu besichtigen, die ein Buch, eine nette Geschichte schreiben, über Sonne und Boote und Inseln und Haifische, und jetzt legt unser Boot an den Kutter an, und drei junge Männer springen an Bord. Sie wirken nervös, haben verbrannte Gesichter, geweitete Augen.

Stillstand.

Ich habe keine Ahnung, wer die Männer sind, was sie wollen, worum es geht. Es geht nur noch um Angst, und das definitiv. Wir haben Angst, sie haben Angst, alle aus verschiedenen Gründen, am Ende steht der Tod, und Angst lässt Menschen unbesonnen reagieren. Die Männer sind jung. Vielleicht von 18 bis 25, und wovor haben die Angst. Der burmesische Dolmetscher zittert. Er flüstert mir zu: Das sind Karen. Das flüstert er nach einer Dreiviertelstunde oder einem Jahr. Ich hocke auf dem Rand unseres Bootes, die Männer sind ratlos, und der Dolmetscher flüstert wieder: Sie wissen nicht, was sie tun sollen. Ich auch nicht. Aber wenigstens weiß ich jetzt, wer die Jungs sind. Sie gehören zur KNLA. Der Karen Nationals Liberation Armee. Die Rebellen werden von den beiden 15-jährigen Zwillingsbrüdern John und Luther angeführt, sie wurden kurz berühmt, nachdem sie ein thailändisches Krankenhaus besetzt hatten. Die Karen sind eine Minderheit in Myanmar, die sich bis heute weigert, die Militärdiktatur bestehend aus Burmesen anzuerkennen. Die Männer, die jetzt auf unserem Bootsrand sitzen und nervös rauchen, haben KNLA- und NLD-Embleme an den zerfransten T-Shirts. Die berühmteste Politikerin der

NLD, der National Liga for Democracy, ist die Friedensnobelpreisträgerin Aung San Suu Kyi, die gerade sechs Jahre lang unter Hausarrest war. Mehr weiß ich nicht. Mehr wissen auch die jungen Karen nicht, die, wie der Dolmetscher leise flüstert, folgendes Problem mit uns blöden Touristen haben: Wenn sie uns einfach wegfahren lassen mit unserem Speedboot, wir dem in der Nähe stationierten Militär funken, wo sie sich aufhalten, sind sie tot. Klare Sache. Entweder sie tot oder wir tot. Wessen Tod wäre tragischer? Die Soldaten sind immer noch nervös. Das Boot schaukelt leise, Tiere, die am Ufer singen, Zeit, Abschied zu nehmen. Ich denke nochmal an alle Leute zu Hause, denke an die Schweiz, an die Müllabfuhr, die Nachbarn und bedauere, mich nicht von ihr verabschiedet zu haben. Kurz vor dem Ende scheint das Leben besonders reizend. Dinge, die mir schon lange egal waren. Ein Frühling und Teermaschinen, der See, wie er riecht, die Steuer, Erinnerungen, während ich warte. Auf irgendwas.

Nach einer Stunde oder zwei ist der Zeitpunkt für eine spontane Exekution überschritten, die Karen sind keine üblen Menschen, ich kann ihnen noch nicht mal böse sein. Sie wollen mehr im Leben als ich. Wer für die Freiheit seines Volkes den Arsch riskiert, verdient Respekt. Erschießen steht nicht mehr an, aber die beide Karen-Commander, ungefähr zwanzigjährig, überlegen, ob sie uns nicht mit in ihr Lager nehmen sollten. Irgendwo im Dschungel, Stunden entfernt. Der Dolmetscher wirft in die Diskussion ein: Aber das geht nicht, wir haben eine Lady dabei. Die Lady bin ich, die Soldaten schauen, denken an Abgänge und Entsorgungsprobleme und beraten weiter. Nach der Todesangst, das kann mir vermutlich jeder Verstorbene bestätigen, kommt eine große Gelassenheit. Besser hier sterben oder im Karenlager, als zu Hause von einem Audi überfahren werden. Ich habe alles gehabt, alles gesehen, warum nicht abtreten, bevor alles schlimmer wird, mit der Haut, den Kno-

GANZ WOANDERS...

chen, apropos, ich schaue die Karen an, die schönsten Hände, die ich jemals gesehen habe. Das Stockholm-Syndrom. Große Liebe zum Entführer. Vielleicht werde ich Rebellin, wenn ich es überlebe. Die Soldaten verhandeln, trinken Rum dazu und wissen nicht was tun, sie müssten ihre Chefs fragen, die sitzen im Dschungel. Wir sitzen hier, die Verhandlungen gehen in die dritte Stunde. Wir reden nicht miteinander, nur die Leute nicht nervös machen, sie haben immer noch die rostigen Gewehre im Anschlag. Dann kommt der Fotograf auf eine Idee. Sag ihnen, dass wir von der Presse sind. Das kann ins Auge gehen. Oder auch nicht. Warten wir ab. Sie beraten neu. Stellen sich auf mit den Panzerfäusten und mir in der Mitte. Wir dürfen Fotos machen. Auf einmal lachen alle. Sie hatten doch nur Angst. Haben sie jetzt nicht mehr. Sie laden uns ein, wiederzukommen. Dann dürfen wir fahren. Nach Stunden.

Die Karen winken. Wir winken. Und ich denke: Wiederkommen ist gut. Das ist die Welt, für die ich kämpfe. Schauen, wie andere leben. Die Karen werden immer kleiner, verschwinden am Horizont, riskieren ihr Leben, sterben jung, und warum ich jetzt noch weiterlebe. Keine Ahnung.

P. S.

Eidgenössisches Departement für auswärtige Angelegenheiten 2015: Reisewarnung für Myanmar. Es sind wiederholt Sprengsätze explodiert und forderten vereinzelt Todesopfer und Schwerverletzte. Ziele der Anschläge sind vornehmlich touristische Orte: zwischen dem 11. und 14. Oktober 2013 ein Motel in Taungoo, ein Hotel und eine Pagoda in Sagaing und in einem Hotel in Yangon. Im Juli 2013 waren eine religiöse Veranstaltung und 2011 ein Markt in Mandalay Ziele von Terroristen. 2011 gab es einen Anschlag auf mehrere Einkaufszentren in

Yangon. Erneute Anschläge sind möglich. Die Rubrik Terrorismus und Entführungen macht regelmäßig auf die neuesten Risiken aufmerksam.

Italien. Eins. Und ein wunderbarer Film

Bellagio, 3. November 2005

Das ist ein Moment, so perfekt, dass er Kopfschmerzen erzeugt, weil es einen drängt, mehr zu machen mit dieser flüchtigen Perfektion, als sie nur zu atmen und nicht zu wissen, was dieses *Mehr* will. Die Straße ist autobreit und schmiegt sich am See entlang. Es ist ein goldener, schwerer Herbst, die Sonne kämpft gegen leisen Nebel, der Geruch von brennendem Holz in der Luft, man braucht keine Sonnenbrille mehr, was schade ist, denn er fühlt sich sicherer mit der Brille. Wie über Moos gleiten, an alten Villen vorbei, am See vorbei, nach Bellagio.

Kamerafahrt, ein Mittdreißiger, auf Junglord gestylt, Scheitel, zackig, zu warmer Burberry-Coat, Cordhosen, Sakko, in einer Tasche eine Reclam-Flaubert-Ausgabe, im Fond eines Taxis, setzt eine Gucci-Brille auf und wieder ab, spielt mit den Enden seines Hermès-Schals (Imitat), feine Schweißperlen und die Ratlosigkeit eines Menschen im Gesicht, dem sein Zentrum abhandenkam. Vielleicht hatte er auch nie eines.

Totale: Kleine Vögel in Oleanderhecken. Ein altes Lido-Strandbad. Keine kaputte Puppe in einer Pfütze. Kamerafahrt, vorbei an einem leerstehenden Palazzo, durch den kleinen Ort Bellagio, der so ungefähr das Perfekteste ist, was man als kleiner Ort sein kann, in dem jeder Millimeter schon einmal von Prinzen-, Königs- oder Filmstarfüßen berührt wurde, in eine Auffahrt, leider nicht Kies, macht zu viel Lärm, das Taxi hält vor dem Eingang der Villa Serbelloni.

Livrierte Herren schlendern herum, wollen Koffer tragen,

es gibt keine Koffer. Er trägt nur eine Medizinertasche, die er von einem Freiheitskämpfer geschenkt bekam, irgendwann in einem anderen Leben, vor sich, wie ein Schild, zur Rezeption, die verunglückt in dem alten Palazzo liegt, ein wenig 80er, die trotzig gegen zu viel Schönheit ankämpfen, wie mit Schulterpolstern und Leggings. Die Schönheit gewinnt, denkt der junge Mann, als er einem Pagen in den 2. Stock folgt. Ein Superior Double sollte es dann schon sein. Das Zimmer groß wie ein Fußballfeld, gottlob ohne die Spieler, das fehlte noch, 12 schwitzende Männer mit Gorilla-IQs. Das Zimmer erschlägt ihn, es ist in jeder Hinsicht größer als er.

Kamerafahrt: Murano-Lüster, Fresken, Lapislazuli-Dekors, der See durch die Fenster, ein Boot verschwindet am Horizont, der junge Mann sitzt auf dem Bett und betrachtet wie gelähmt seine Füße, die wie zwei ungebackene Brötchen auf einem Perserteppich vor ihm liegen.

Er kann jetzt noch nicht sterben. Wie soll das gehen? (Neonschrift: *Wie soll das gehen*?) Hier, am Nachmittag in goldener Sonne, und was, wenn er zurückwill, in den letzten Sekunden? Vielleicht am Abend, vielleicht wenn es kühl wird und man eine Stola bräuchte, die man nicht hat, wegen Mann.

Er hatte sich vorgestellt, wie nonchalant er sich im Hotel bewegen würde, mit Ölbaronen plaudernd, Zigarren rauchend, seinen Abgang mit dem Stil zelebrierend, nur die Füße vom Wasser benetzt. Was nun ist: Ein blonder unsicherer Junge in einer zu großen Umgebung, der nicht weiter weiß.

Er hatte sich immer Trost eingeredet, in den letzten Jahren, in denen er mehr und mehr in der Nichtbeachtung verschwand. Nicht wissend, dass jeder unbedeutend ist, hatte er gedacht: Ich kann jederzeit gehen. Noch nicht einmal das kann er, merkt er. Er steht auf, mit diesem Gefühl, sich nicht bewegen zu wollen, fallen zu wollen. Die Atmung verlangsamt den Herzschlag, wie machen das diese Yogis nur. Gleich kommen seine Freunde, erwarten eine Oktoberparty. Er wird sie alle umarmen. Sie werden verwundert sein und weinen. Danach wird er es tun. Die Spritze, die Salzlösung, es wird schnell gehen, hat sein Arzt, dem die Zulassung wegen Medikamentenmissbrauch entzogen wurde, gesagt. Also runter, die Freitreppe, in den Park. Endlich Kies.

Kamerafahrt: Bootsanleger, Möwen auf Pfählen im Wasser, vermutlich tot, Gartenhäuser mit Wein bewachsen, auf Gartenstühlen, natürlich weißes Metall, alte Millionärswitwen aus Übersee, mit kleinen silbrigblauen Locken.

Er schleppt sich durch den Park, sein gedrungener Leib neigt zur Transpiration, unter dem Strohhut Schweißperlen, Aschenbach? Was war nur so schiefgegangen? Er hatte geglaubt, sein Leben hätte kein Ende. Gedacht, dass er weltberühmt würde und reich, dass er ein außergewöhnliches Leben haben würde, *weil er doch außergewöhnlich war.* Er war ein gefördertes Kind, viersprachig, er gab mit Mitte zwanzig eine eigene Zeitung heraus, hatte ein eigenes Radioprogramm, machte Filme, verkehrte mit DJ's, las jeden Tag über sich, reiste nur 1. Klasse, er war ein Medienwunderkind. Alle verehrten ihn als Erfinder der Med-Art, der mainstreamkompatiblen Symbiose von Medien, Kunst, Populärkultur und Fernweh. Er berichtete live aus einem Hotel in Ruanda, und während die Eingeborenen einander die Schädel spalteten, machte er Kunstfotos, und eine Schauspielerin, deren Eltern ein Gestüt hatten, fertigte Scherenschnitte, er war zu Gast bei Freiheitskämpfern (die Tasche!) und rauchte Gras mit ihnen, während ein DJ die Klänge der Maschinengewehre remixte. Er war für einige Jahre *die* Person, alte Kulturschaffende hofierten ihn in falschverstandener Jugendverliebtheit, homosexuelle Meinungsmacher fanden ihn süß, und für den Rest war er einfach ein Held, denn er verdiente viel Geld und traf Heike Makatsch. Der Abstieg kam, von ihm lange unbemerkt, so wie der Untergang Europas, ein nebliger Prozess. Die Zeitung ging ein, die Radiosendung wurde beendet, die Geldgeber zogen sich zurück, und irgendwann musste er mit Vorzimmerdamen sprechen die fragten: wie bitte war noch mal der Name? Es hatte Jahre gebraucht, bis unser Held verstanden hatte, dass seine Zeit endgültig vorbei war. Der Höhepunkt seines Lebens mit 30, das waren die 90er, das war die Zeit in der Mainstream Kunst wurde, in der Pop Kunst wurde, in der Styling alles war, und Oberfläche, doch dann wurden die Menschen, lass sie uns Endverbraucher nennen, müde und teilten sich in drei Lager: die, die Talkshows schauten, die graue Mitte, die Alain de Botton für einen Philosophen und Coelho für einen Literaten hielten, und die, die müde von all der leeren Luft nur noch Bücher von Gehirnchirurgen lasen und Konzeptkunst zum Frühstück aßen. Alles, was er nun noch hätte tun können, wäre mit unglamouröser Anstrengung verbunden.

Rückblende: Die Büroräume in einer alten Villa in Bangladesch, Bedienstete, unser Hauptdarsteller in einem Barcelona-Chair, um ihn seine Freunde, an der Wand ein Gilbert & George-Portrait von Tyler Brûlé. Eine junge Schauspielerin weht in den Raum und singt ein Lied, das Oasis für sie geschrieben hat. Unser Held ist mit der Endfertigung eines Lifestyle-Internetportals beschäftigt. Alles läuft gleichzeitig, alles beschleunigt. Alles ist Projekt. Eine Luxusartikelmesse, eine Talkshow, ein Film, alles angesagt, schnell und modern. So Bret-Easton-Ellis-mäßig. Der Held lehnt am Fenster, schaut auf die Slums. Da ist ihm wichtig, so den Bezug nicht verlieren. Er ist unendlich in diesem Moment. Rückblende fertig.

Es ist 18 Uhr. Die ersten Gäste treffen ein, Freunde, die keine Freunde mehr sind, die sich zurückgezogen haben, weil sie Aas wittern, weil Untergehende einen Strudel erzeugen und alles mit sich reißen. Eine ehemalige MTV-Moderatorin hüpft aus einem Tragflächenboot, gefolgt von einem ehemaligen Chefredakteur, gefolgt von einer ehemaligen Szeneband, gefolgt von einem Berater für irgendwas.

Ehemalige MTV-Moderatorin: Wow, ist das overdressed hier. Voll retro.

Ehemalige Szeneband: Sind Stars hier?

Ehemalige MTV-Moderatorin: Hat es Wireless?

Wenig später: Zehn Personen zu Tisch am Pool-Restaurant Mistral. Michelin-Punkt, berühmt durch den Küchenchef Ettore Boccia, sowas wie der italienische *naked cook*, nur angezogen. Erfinder der Cucina Moleculare, fettfreie Mayonnaise, Pasta, die nie zerkocht, und Nouvelle Cuisine, die nicht dick macht. Geniale Sache. Perfekt inszeniert, Blick über den See. Lichter am anderen Ufer, Abenddunst. Der Held sitzt inmitten seiner ehemaligen Freunde, die sieben Gänge des Degustationsmenüs – Turbot Fillets are wrapped in leek and cooked in melted sugar, no fat, burrata cheese used for ice-cream cooled with nitrogen und so weiter – ziehen sich über drei Stunden dahin. Sie lachen und reden, aufgeregt von *Projekten*. Da läuft jetzt was mit 3D und DJs, die in der Ritze auflegen, dem Box Club in Hamburg und Ben Becker, der Burroughs sagt. Und der Berater macht jetzt Autotests für das Ex-Magazin von Tyler Brûlé, und alle sind ausgelassen und haben Spaß an den wie choreographierten Bewegungen des Servicepersonals, und er sitzt da und wird immer stummer und denkt: Es ist, als wäre ich schon gegangen. Und die endgültige Niederlage gibt ihm Kraft, er springt auf und ruft: Lasst uns doch nochmals was versuchen, eine tolle Sache, ein Internetblog mit japanischen Robotern … kurzes Schweigen am Tisch, dann bestellt einer einen Kaffee.

Kameraschwenk: Eine letzte Fähre setzt über nach Menaggio. Einer aus der Band fragt mobil seine Mails ab. Der Berater lädt Songs auf sein Mobilphone, das Hotel scheint sich kurz zu ekeln (wie zeigt man das?).

Der Held geht ab. Keiner merkt es. In seinem Zimmer, das ihn verhöhnt mit seiner Arroganz, mit seinem: Ich werde noch da sein, wenn es dich schon längst nicht mehr gibt, prüft er seinen Kontostand. Sein Barguthaben langt noch für eine Nacht im Hotel, der Überziehungskredit noch ein wenig länger, fände er etwas Billigeres. Hier im Ort. Der Ort ist so gut, so leise, hält den Atem an seit 200 Jahren, der Held denkt an all die Prinzen und Könige, die hier waren, mit Scharen von Bediensteten, Flure wurden da gemietet und Räume, nur um die Kleider auf den Betten auszubreiten. Was hatten die Stil damals. Romy war hier, und die Hotelangestellten mussten bei ihr sein, bis in die

Morgenstunden, weil sie nicht allein sein konnte. Der Held denkt sich, wie das wäre, säßen jetzt zwei Kellner betreten auf seinem Bett. Er fühlt sich Romy so nah. Stückweit.

Kameraschwenk ins Restaurant Mistral: Die Tische werden abgedeckt. Die Angestellten gehen in ihre Personalzimmer. Die Lichter gehen aus. Grillen sterben.

Am Morgen nach einer schlaflosen Nacht entdeckt der Held die Minibar für sich. Ein kleiner Cognac macht nichts besser, nichts leichter, aber verschwommener. Mit der leichten Übelkeit, die Alkohol am Morgen erzeugt, begibt sich der Held in den Frühstückssaal. Er blickt kurz auf den riesigen Muranoleuchter, auf Deckengemälde und die vornehmlich alten Paare an den Tischen. Keine Socken in Sandalen sieht man hier, nur gut gepflegte Frisuren, durch Reichtum entspannte Gesichter und kleine Kaschmirplaids. Angewidert von so viel Bourgeoisie geht er in den Park, sitzt an einer begrünten Mauer, sieht auf den See und merkt, dass er heute auch noch nicht den Mut finden wird zu sterben. Ein Gärtner tritt zu ihm, die Erfahrung lässt ihn den unglücklichen Mann ansprechen, es beginnt ein leises Gespräch in gebrochenem Deutsch, bei dem sich herausstellt, dass ein Verwandter des Gärtners ein Haus zu vermieten hat, sie könnten gleich mal hinfahren und schauen.

Kameraschwenk: Fahrt in einem Kleintransporter ins Hinterland, der Held kämpft gegen seine Übelkeit, er weiß offenkundig nicht, was mit ihm passiert. In einer schattigen Senke steht ein hohes, verfallendes Haus, einige Scheiben sind zersprungen. Im Haus feuchte Kälte, in jedem Zimmer alte Matratzen, alte Betten, zerbrochene Stühle.

Mein Vetter, Cousin, was auch immer, kommt gleich, hatte der Gärtner gesagt, und unser Held sitzt auf einer feuchten Matratze, starrt auf einen Blecheimer, warum steht der da, und wartet. Nach einer Stunde (nicht Echtzeit) kommt ein alter Mann, offensichtlich mit einem Alkoholproblem.

Close up: Mund, keine Zähne darin, aber einfache herzensgute Bauernhände. Er redet Unverständliches, zieht eine Schnapsflasche aus der Sakkotasche, bietet einen Schluck, nimmt selber, bietet die Hand zum Schlag und nimmt das fast letzte Bargeld des jungen Mannes in Empfang. Die Flasche lässt er da.

Kameraschwenk: Es wird Abend, dunkel, empfindlich kühl, unser Held sitzt auf der Matratze, seit Stunden, unfähig sich zu bewegen. Bei Untergang der Sonne kommt der Vermieter dazu, beide trinken schweigend.

Der Held erwacht gegen fünf mit Kopfschmerzen und schlechtem Geschmack im Mund, der Vermieter ist nicht da,

er geht zur einzigen Waschgelegenheit des Hauses, in einer Küche, die mit kaputten Stühlen vollgestellt ist, er putzt sich die Zähne und macht sich einen Kaffee mit Wodka. Danach geht er zu Fuß in den Ort, was ungefähr eine Stunde dauert, durch die Pausen, in denen er steht und sich an einem Gedanken versucht, der sich nicht einstellen mag. Im Ort geht er in den einzigen Laden, kauft ein Croissant, stiehlt Alkohol und begibt sich zum Tor der Villa Serbelloni. Dort steht er still, eine Stunde, starrt auf den Eingang, dreht dann ab, geht zurück in sein Haus, in dem er den Rest des Tages mit Trinken und Selbstgesprächen verbringt, die ihm so peinlich sind, dass er zu leise spricht und sich dadurch schlecht versteht.

Zeitsprung: Drei Wochen später. Der Held torkelt durch Bellagio. Er riecht unangenehm. Er wirkt aufgedunsen, hält inne und schaut durch das eiserne Tor zur Villa Serbelloni.

Der Held weiß nicht mehr, was war. Er weiß nicht, was kommen wird, irgendwas erinnert ihn an alte Träume, als er die Villa Serbelloni betrachtet. Signor Spinelli, der perfekteste Hoteldirektor der Welt, empfängt gerade eine alte kubanische Witwe, Hermès-Gepäck wird entladen, Alter kann sehr angenehm sein, wenn es mit Geld gekoppelt ist. Geld hat er keines mehr. Wie der November riecht, so ein wenig Frost in der Luft. Und keine Freunde sind geblieben, keiner, der ihm die Hand hält, noch nicht einmal mehr Exemplare seiner alten Zeitschrift hat er noch, wenn er von der Welt gehen wird, nichts, was an ihn erinnert. Er wird verschwinden, ohne eine Spur zu hinterlassen. Aber zum Gehen ist noch Zeit. Da hat es noch eine Flasche, die auf ihn wartet, in dem alten Haus, in dem es nun eiskalt geworden ist, was er aber nicht spürt. Zum Glück nicht spürt.

Kameraschwenk zurück in die Villa Serbelloni: Im Aufenthaltsraum spielt ein Trio Ave Maria, in alten Korbsesseln sitzen lächelnde ältere Menschen mit gutem Geschmack und zurückhaltenden Trikotagen. Am Pool eine Dame im Reisekostüm, Mauro, der Barmann, spricht sechs Sprachen, eine verwendet er gerade im Gespräch mit einem alten Fabrikbesitzer, die Sonne liegt hinter einem Bettvorhang aus Chintz, das Leben steht still in seinem besten Moment. Für die nächsten 200 Jahre.

P. S., 2010

Sabotage führt zu Ölpest in Italien und führt in die ökologische Katastrophe – mutwillig verursacht. Mindestens 600 000 Liter Öl sind in einen Nebenfluss des Po gelaufen und schädigen dort Flora und Fauna.

P. S. 2, 2015

Medienberichten zufolge sollen Italien, Spanien und Südfrankreich Ziele von ISIS-Terroristen werden. Als fliegende Händler getarnt kommen sie an die Urlaubsstrände, um dort mit automatischen Waffen um sich zu schießen und Sprengsätze zwischen den Liegen zu zünden.

Afrika für Feiglinge

Südafrika, 22. Dezember 2014

Der Jeep hält. Zögerlich. Die Touristen in kurzen Hosen und karierten Blusen, Männer wie Frauen, in der seltsamen Unbeweglichkeit jener Übersechzigjähriger, die Angst vor dem Fall zu haben scheinen, steigen nicht aus. Die Hände verkrampft an der Halterung des Fahrzeugs.

So eine Safari geht krass an die Nerven.

Das Spiel mit dem Tod. Wenn auch nicht mit dem eigenen. Die ersten mutigen Männer klettern aus dem Auto. Die Augen suchen Halt, die Füße scheinen angeekelt vom staubigen Boden. Den Blickkontakt vermeiden, das ist die wichtigste Regel. Und nichts anfassen, beziehungsweise die Hand nach dem Angefasse mit den mitgebrachten Tüchern reinigen.

A Township tour is highly recommended. Townships were created as living areas for non-whites under the old political system of Apartheid. Townships are still home to a large percentage of South Africa's population total.

Ich schließe die Augen, als die Gruppe zögernd in eine Vorführhütte tritt und später von Gastfreundschaft und Armut und Lebensfreude berichten wird.

Ich war noch nie in Afrika. Außer in Marokko. Das ich nicht afrikanisch genug fand, überdies erlag ich dort fast einer Malaria aus dem Amazonas.

Ich war noch nie in Afrika, denn all der Kitsch, mit dem ich den Kontinent zugekleistert sah, hatte mich abgehalten. »Ich hatte eine Farm in Afrika«, »Die Weiße Massai«, »Jenseits von Afrika«. Irgendein Film der Regisseurin Hermine Huntgeburth, der dort spielte, nichts, was irgendein positives Echo in mir klingen ließ, um in der Sprache dieser Kunstwerke zu bleiben. Immer stehen in Filmen und Büchern hellhäutige Frauen und blicken zum Horizont. Oder ein weißer Mann in Shorts zeigt auf den Horizont. Oder die hellhäutige Frau verliebt sich in einen dunkelhäutigen Mann, dem sie bei aller gebührenden Bescheidenheit des überlegenen Westeuropäers Lesen und Schreiben beibringt, um am Ende doch einzusehen, dass der culture gap zu groß ist, und dann reist sie mit Bob, dem Ranger, nach Westfalen-Lippe, nicht ohne zuvor intensiv gelitten zu haben. All dieser unerträgliche Schwulst, mit dem der westliche Mensch meint: Exotik, Elefanten, Trommeln über der Serengeti, das hält doch keiner aus, was soll ich da, ich brenne doch auch nicht darauf, in einem Rudel Bumstouristen auf Phuket zu landen, falls Sie verstehen, was ich meine. Meine Vorurteile dem touristischen Afrika gegenüber sind vermutlich deutlich geworden, aber erwähnte ich bereits Südafrika? Sozialisiert mit einem glänzenden Halbwissen aus der Zeit der Apartheid, interessierte es mich wirklich nicht, grobknochige Kolonialherren zu besuchen, die sich von schwarzen Menschen bedienen lassen. Ich wollte keine Townships besichtigen.

Ich wollte mich nicht dafür schämen müssen, mit dem Privileg einer hellen Hautfarbe geboren zu sein. Ich wollte nicht wegen vorgeblicher Informationszwecke wieder einmal mehr etwas besichtigen, was mich ratlos zurücklässt, weil ich nicht über Bill Gates' Energie verfüge.

Afrika. Das Land, das irgendwie so wundervolle Künstler wie Bob Geldof hervorgebracht hat. Das Madonna zu zwei reizenden Kindern verhalf und das wir von Hungerhilfe-Plakaten kennen. Hier ballt sich das schlechte Gewissen des politisch korrekten Europäers, und das zu Recht.

Ich wollte nie nach Afrika.

Doch –

Irgendwann begreift man, dass das gesamte Leben eine Unternehmung mit unerfreulichem Ausgang ist, und beginnt hektisch Erlebnislücken zu füllen. Im Alter vertraut nur der Idiot den Gesetzen, die er selber aufgestellt hat.

Warum also nicht einmal Afrika betreten, solange man noch laufen kann? Vielleicht war der Film *Searching for Sugarman* ausschlaggebend oder der lustige Gebärdenübersetzer bei Mandelas Trauerfeier, überhaupt Mandela – was hat er nun eigentlich erreicht? Die bessere Welt? Ein friedliches, gerechtes Miteinander aller? Und fand mich nach der wundervollen Township tour, nach der ich hätte umkehren können, auf dem Weg nach Stellenbosch, einer kleinen Universitätsstadt, eine halbe Stunde von Cape Town entfernt. Der gepflegte Weintourist übernachtet hier in einer der fast tausend Weinfarmen mit Gästezimmer. Meine hieß *Laibach* und war für mich, mit meiner in den 80er Jahren erlebten Spätpubertät, unabwendbar. *Laibach*. Ich stellte mir etwas aus Eisen vor. Die Menschen, die mir schwärmerisch von der Weinroute erzählt hatten, waren keine Empfehlung für die Gegend.

Wein-Degustationen, mir wurde übel, wenn ich daran dachte. Erwachsene, die auf Alkohol herumkauen, mit dem Ziel, gepflegt besoffen zu werden.

Aber sie sind nicht zu sehen. Die Weinverkoster. Und Afrika auch nicht. Kleine weiße Hollandhäuser stehen in satten, fast toskanischen Grünhügeln herum. Riesige Eukalyptusbäume vernebeln die Landschaft, es windet. Immer. Irritierend viele Stacheldrahtzäune, Elektrosicherheitsanlagen, irritierend viele Menschen, die am Schnellstraßenrand herum stehen, und die kleinen Verschläge, was ist das? Sie sehen aus wie die Hundehütten zur eingangs erwähnten Township tour. Eine optische Täuschung, in dieser perfekten Landschaftsinszenierung.

Neben den Verschlägen, Siedlungen von erschütternder Hässlichkeit. Fließbandgefertigte Häuser hinter Mauern, Elektrozäune mit bewaffneten Pförtnern. Die Reichen sperren die Armen aus. Immer ein Zeichen für Sicherheit und gerechte Demokratie. Ich gehöre eindeutig zu den Gewinnern.

Die *Laibach*-Lodge liegt im Grünen an einem See und gehört einer Ärztin aus Heidelberg, die die Weinfarm von ihrem Vater geerbt hat. Mittelgroßer biologischer Weinanbau, guter Tropfen, würde ich als Kenner murmeln, die vier Gästezimmer an einem See gelegen, bei dem Ornithologen einen Herzanfall bekämen. Graugänse, Kormorane, Trappen, Adler und Zeug, das ich nicht kenne, und das alles mitten in der Toskana. Der nächstgelegene Ort, besagtes Stellenbosch, scheint in einem botanischen Garten gebaut. Alte holländische Architektur, mit einem leichten Abgang von Südstaaten. Der Ort ist fast nur mit unter Dreißigjährigen bevölkert. Kraftstrotzende Kens, blonde Barbies, fast immer unter sich, die schwarzen StudentInnen selten mit weißen Freunden, es braucht wohl noch eine Generation, um die Scheiße der Apartheid vergessen zu machen, die ein wenig peinlich über der schönen Atmosphäre schwebt.

Überall, fast unsichtbar, diese unendlich müden schwarzen Frauen.

Die Statistik spricht dafür, dass jede zweite von ihnen mindestens einmal in ihrem Leben, das übrigens mit durchschnittlich 48 Jahren Lebenserwartung vier Jahre kürzer ist als das eines Mannes, vergewaltigt wird. Dazu kommen die sogenannten *corrective rapes*, bei denen lesbische Frauen von Männern mit dem Ziel vergewaltigt werden, die sexuelle Orientierung des Opfers zu ändern und ihren Trotz der männlichen Dominanz gegenüber zu brechen.

Die müden Frauen, ihnen wird es nicht besser gehen in ihrem Leben. Sie leben in diesen wackligen kleinen Häusern am Straßenrand, viele ihrer Männer werden sie später besoffen verprügeln, und man wünscht ihnen, dass eines ihrer Kinder es schaffen wird, zu dieser neuen Generation zu gehören, die in den modernen Städten sichtbar wird. Modisch, elegant, mit fetten Autos und gut ausgebildet: Wenn es irgendwo in Afrika einen gewaltigen Fortschritt in Richtung Anschluss an unseren wunderbaren Kapitalismus gibt, dann hier. Das spricht, unter uns, nicht für den Rest des Kontinents.

Ich suche weiter nach dem Afrika der Hermine Huntgeburth. Das Land ist so riesig, da man alle hundert Kilometer eine neue Klima- und Vegetationszone durchfährt. Die Toskana endet, weicht einer australischen Steppe, Klimazonensprung. Fünf Stunden in Richtung Südwesten über leere Autobahnen, durch Gegenden, die aussehen wie die Schweiz / die Ardennen / die Pyrenäen, die Straßen werden am Ende immer kleiner, staubiger, Straußenfarmen, Landarbeiter, und dann gar nichts mehr. Das Game Resort Gondwana zwischen Bergen und Meer. Ich hatte eine Farm in Afrika. Der Boden ist rot, der Horizont endlos, es sieht aus wie in afrikanischen Dokumentationen. Endlich. Der taffe Busch. Bevor man in das Resort fährt, gilt es zu unterzeichnen, dass man das Auto nicht verlässt, die Hütte nicht, die Löwen nicht reizt, die Elefanten nicht nötigt. Ich gehe die Liste der tödlichsten Tiere durch: 1. Bakterien. 2. Schlangen. 3. Elefanten. 4. Nilpferde. An einem Hang drücken sich kleine runde Hütten mit Strohdach und Hängematten, Fackeln oder imaginäre Fackeln, willkommen in Südafrikas Touristenschlager Nummer eins: den Game Resorts. Jede Sehnsucht nach desinfizierter Ursprünglichkeit wird hier meisterhaft bedient. Kleine architektonisch perfekte Hütten mit Kamin und freischwingender Badewanne, so lebte man hier ja schon vor 500 Jahren, schmiegen sich um ein Tal mit See und Pool. Energische Ranger federn durch die Anlage und erzählen Löwenanekdoten. Alles ist perfekt. Die Hütten, das Feuer, die Speisen am offenen Grill zubereitet, und die Touren, die morgens bei Sonnenaufgang stattfinden. Frau und Herr Ranger in einem Jeep mit schaudernden Touristen, im Minutentakt verlassen sie das Camp und machen sich auf die Suche nach Tieren. Auffällig unzusammenhängend standen drei Giraffen am Eingang des Resorts. Da müssen doch noch mehr sein. Die Rangerin erzählt Löwenanekdoten, sie werden nicht besser bei ständiger Wiederholung, senkt die Stimme, sieht nach links ins Grün, die Touristenblicke folgen ihr. War nix. Nur ein Dings, ein Vogel. 5600 verschiedene Pflanzenarten. Von Löwen über Elefanten, Zebras, Kobras, das volle Programm. Doch wo sind sie bloß? Die Tiere, auch wenn man es sich nicht vorstellen kann, haben einst alle hier gelebt. Bis der Mensch kam. Nun muss man eben Resorts anlegen, einzäunen, Babytiere kaufen, aussetzen, und der Tourist kann besichtigen, wie die Welt irgendwann einmal ausgesehen hat. Nach einer Dreistundentour im Morgengrauen kommen sie zurück. Erregt und müde. Sie haben einige Zebras gespottet. Während ihres Aufenthaltes im Resort werden die meisten zweimal täglich Tiere suchen fahren, eine Art Jagd für Pazifisten, zwischendrin wird der Mensch gefüttert, dann geht er in seine romantische Hütte und bestaunt den Sonnenuntergang. Verbindungen zur Welt gibt es nicht. Kein Netz, kein Internet, kein TV, kein Radio. Ich hasse das. Wenn man mir vorschreibt, wie ich zu entspannen habe, reagiere ich mit grober Verstimmung. Es gibt zu wenig Freiheit in der Welt. Lang lebe der Punk, ich fliehe aus dem Game Resort, aus der Afrikavorführung, und fahre wieder ein paar Klimazonen ab. Alle hundert Kilometer taucht in den leeren Landschaften ein Restaurant auf. Menschen, die an Rednecks erinnern, in Orten, die Heidelberg heißen, beackern hier Farmen, machen Käse, backen Brot und rauchen sich mit Marihuana die Rüben weg. Eine höhere Freakdichte als hier gibt es nur in der Schweiz. Man fragt sich kurz, was sie hier machen, bei 40 Grad, in Orten, die aussehen, als ob hier ständig zu Stroh gewordene Hunde über die Straßen wehen. Aber die Leute hier fänden mein Leben vermutlich genauso seltsam.

Im 17. Jahrhundert strandete ein holländisches Schiff am Kap der guten Hoffnung, das nebenbei ein zugiger Felsen ist. Keine Ahnung, wie die Schiffbrüchigen sich in das riesige Land verteilten. Viele blieben wohl im milden Hinterland der See, begannen Wein anzubauen, Farmen aufzubauen. Immer mehr Farmer kamen, aus Deutschland, England, Frankreich, doch sie waren immer eine kleine Minderheit. Ich will mich nicht mit den Burenkriegen langweilen, mit Geschichte und mit Nelson Mandela, der verhindert hat, dass die Weißen, die ebenso wenig für ihre bescheuerten Vorfahren können wie die Deutschen, heute noch so fröhlich hier rumspringen können. Der Reichtum des Landes ist immer noch überwiegend im Besitz der europäischstämmigen Bevölkerung. Aber das Elend verteilt sich allmählich. Weiße Obdachlose, Paare in absoluten Misthäusern, die riesengroße imaginäre Alkoholpullen herumzutragen scheinen, Schwarze, die in deliriösen Gruppen vor Alkoholläden lümmeln.

Orte verlassener Trostlosigkeit, Sandvipern im Niemandsland: Dieses Gefühl, einen Ort zu verlassen, an dem man sich kurz aufhielt? Und zu denken, die werden jetzt immer hierbleiben. Und froh zu sein, dass man nicht *die* ist.

Die Wüste wird grün, nach 400 weiteren Kilometern. Es wird wieder Schweiz vor dem Autofenster und nass. Unendlich nass, das ist die subtropische Umgebung von Knysna. Der kleine Ort sieht am späten Nachmittag aus wie in *The Walking Death*, der Serie über Zombies. Wenige traurige Gestalten schlurfen durch die seltsame Stadt, in die viele Rentner wegen des Klimas zum Sterben kommen, ältere Damen betreiben kalifornisch wirkende Hippiecafés, Lagunen überall, edle Häuser am Wasser, in dem sich Haie tummeln. Auf einer kleinen

Insel, Leasure Island, macht eine blonde Wirtin gerade Apfelstrudel, die niederen Angestellten kommen jetzt, wie es scheint, meist aus Zentralafrika. Die Südafrikaner haben die besseren Jobs, oder schaffen es, wie eingangs erwähnt, an die Unis und Schulen. In einem Fernseher spricht wegen der bevorstehenden Wahlen Präsident Zuma zum Volk. Der Landeshauptmann hat 20 Kinder von sechs Frauen und ist ein Verfechter der Polygamie. Also für Männer natürlich. Vom Vorwurf der Vergewaltigung einer HIV-infizierten Frau wurde er seltsam elegant freigesprochen. Es mag sich positiv ausgewirkt haben, dass er öffentlich bekundete, nach dem Geschlechtsverkehr geduscht zu haben. Dafür hat er sein Privathäuschen jüngst für 200 Millionen Rand umgebaut. Auf Staatskosten.

Prost.

Im Café ein homosexuelles Paar. Männer. Glück gehabt. Nichts wirkt bedrohlich in dieser reizenden Umgebung. Aber das Verbrechen lauert um die Ecke. Obwohl die Zahlen langsam rückgängig sind, lebt der Südafrikaner mit der ständigen Bedrohung im Land, mit der höchsten Kriminalitätsrate der Welt. Seit Jahrhunderten herrscht in Südafrika eine Gesellschaft, die Gewalt nicht nur akzeptiert, sondern irgendwie in Ordnung findet und als normales Zeichen von Männlichkeit betrachtet. Nach wie vor ist die Masse der Bevölkerung sehr arm und die Arbeitslosigkeit, vor allem in der jungen, schwarzen Bevölkerung, hoch. Aus Langeweile und Hoffnungslosigkeit folgt oft Gewalt. Gegen Frauen, gegen Fremde. Oft richten arme Südafrikaner ihre Wut gegen die noch ärmeren Immigranten. Zentralafrikaner, die sich nicht verständigen können und für Armut und Kriminalität verantwortlich gemacht werden. Kommt Ihnen das bekannt vor?

Der Fremdenhass ist unterdessen im Mittelstand angekommen.

Doch vergessen wir die unangenehmen Bilder von jungen

Afrikanern, die in brennenden Autoreifen stecken. Necklacing nennt sich diese Form des Mordens. Kein Brandgeruch, nur Wolkenfetzen, Sturm und Feuchtigkeit. Und hinter einem schweren Zaun mit Stacheldraht ein Guest House, das aus meinen Träumen gebaut wurde.

Ein südafrikanisches Paar hat nach seiner Idee von einer perfekten Welt gebaut, die aus kleinen Häuschen, einem wilden Garten, Pools, Tümpeln, Bambus, Mücken und Tieren besteht. Über Holzplanken wackelt der Gast, und dann macht er, was der europäische Tourist in Knysna so macht. An den Strand nach Plettenburg gehen, Lagunenbootstouren, Fisch essen und Austern verschlingen. Die Touristen besichtigen das Leben der weißen Oberschicht, mit Wein und Farmen, mit schönen Hotels und angenehmem Wetter. Wenn man das will, ist Südafrika eine wirklich großartige Feriendestination. Trotz all der Sicherheitszäune wirkt nichts bedrohlich, die Menschen sind nett, das Essen absurd gut, das Wetter auch und die Straßen über jeden Zweifel erhaben. Ich habe noch zwei Wochen Zeit, um mir ein oberflächliches Bild zu machen. Dazu fahre ich an geschützten Communitys und Townships vorbei nach Hermanus. Einer der Orte, an dem sich Superreiche niedergelassen haben. Europäischstämmige Superreiche, soviel Zeit muss sein. Ein windiger Platz, an dem man Wale beobachten kann. Wenn sie in der Stimmung dazu sind. Ein Serviceangestellter, der in entwürdigende Schürzchenkleidung gesteckt wurde, kommt aus Malawi. Der junge Mann erzählt vom Schulsystem in Malawi, in dem davon ausgegangen wird, dass Mädchen dümmer sind als Jungs, sie werden auch permanent auf dem Weg in die Schule vergewaltigt und mit spätestens 16 verheiratet. Die Welt ist voller Scheiße.

Der junge Mann ist froh, nicht mit einem Reifen um den Hals geendet zu sein. Er ist klug, und seine junge Frau in Malawi hat ein Baby, das er einmal alle Monate sieht. Der junge

Mann hat wenig Chancen, aus seiner albernen Berufsbekleidung herauszukommen. Aber lassen Sie uns über das Wetter reden. Vor ihrem Haus stehen Linda und George, ein sehr typisches südafrikanisches Paar, das Afrikaans spricht, die modifizierte Sprache der Holländer. Sie sind offen und gutgelaunt, wie sehr viele der europäischstämmigen Bewohner hier unten am Cap. Im Landesinneren muss es anders sein. Hochburg der konservativ Nationalen, weit entfernt von den modernen Großstädten, doch wir sind an der Küste. Linda und George sagen, sie sehen keinen Unterschied der Hautfarbe mehr. Ihr Reinigungs- und Gartenpersonal, für das sie hier bei monatlichem Vollservice vielleicht 50 Franken zahlen, wieselt am Haus herum, die beiden freuen sich über die Sonne, empfehlen Steakrestaurants und wissen nicht, was sie tun. In ihrer netten weißen Community, in die sie geboren wurden, kann man keinem irgendwas vorwerfen. Dieses Südafrika ist ihr Land. So wie die Schweiz unseres ist, egal, ob hineingeboren oder zugezogen. Und die Siedler haben Erstaunliches geleistet. Die Infrastruktur funktioniert, das Gesundheitssystem ist ganz OK. In Capetown hat es die beste Universität von ganz Afrika. Die erste demokratische Wahl fand 1994 statt. Was will man meckern. Die Mauer zwischen Ost und West fiel 1989, und in den ehemaligen Ostgebieten brennen keine Autoreifen um Menschen gewickelt, aber es wird mit Fackeln vor Asylantenheimen demonstriert. Also Geduld haben, die Welt wird besser, ich glaube daran, auch wenn sie immer wieder Rückschläge in der Entwicklung hat, auch wenn der Mensch nicht schnell lernt, wie man als außerirdische Intelligenz hoffen würde.

Nach dem Hochsommer in Hermanus, der ist wie ein mittelmäßiger Oktober in Europa, auf der überwältigenden Küstenstraße nach Capetown. Es sieht wieder mal aus wie irgendwo. Wie Schottland mit gutem Wetter oder Irland mit Affen am Straßenrand. Capetown, oder wie unsereins sagt: Kapstadt, empfängt einen mit einem dichten Netz aus Autobahnen, auf dem der Autofahrer sich umbringen möchte. Man weiß nur noch nicht warum. Kapstadt ist nichts für eine schnelle Liebe. Kein Ort, der sich einem in die Arme wirft. Sozusagen. Vermutlich muss man sich die Schönheit hier hart erarbeiten. Sich auskennen. Und vor allem muss man Auto fahren. Zügig die armen Quartiere durchfahren. Gleich neben der Riesenstadt reihen sich niedliche kleine Orte an der Küste. Capetown hat erschütternd schöne Viertel, zugewuchert mit alten Bäumen, hinter Elektrozäunen funkeln Pools und weiße Langhäuser. In den Parks und Universitäten, Cafés, Sushi, junge, schönen Menschen, die untereinander in mindestens drei Sprachen verkehren. Südafrikas 51 Millionen Einwohner haben 11 Amtssprachen.

Wenn alles in der Entwicklung ohne Hindernisse weitergeht, vielleicht eine etwas intelligentere Regierung zusammengesetzt wird, dann kann Südafrika in absehbarer Zeit ein Traumland werden. In dem Hautfarbe und Ethnie vielleicht wirklich vollkommen egal sind, in dem die Sonne scheint, der Wein wächst, europäischstämmige Touristen ohne schlechtes Gewissen und ohne Elektrozäune, hinter denen sie sich verstecken, herumwackeln können. Noch lebt die Hälfte der Einwohner des Landes in absoluter Armut. In Orten, die wir Slums nennen. Und die täglich durch noch ärmere Zuwanderer aus Zentralafrika wachsen. Vielleicht ist Südafrika so, wie unsere Welt in absehbarer Zeit aussehen wird. Wenn die sogenannte Schere zwischen Arm und Reich weiter aufgeht, wenn der ungebremste Kapitalismus sich selber überholt und explodiert. Mein erstes Mal Afrika. Und ich habe keine Ahnung. Ob ich mehr davon sehen will.

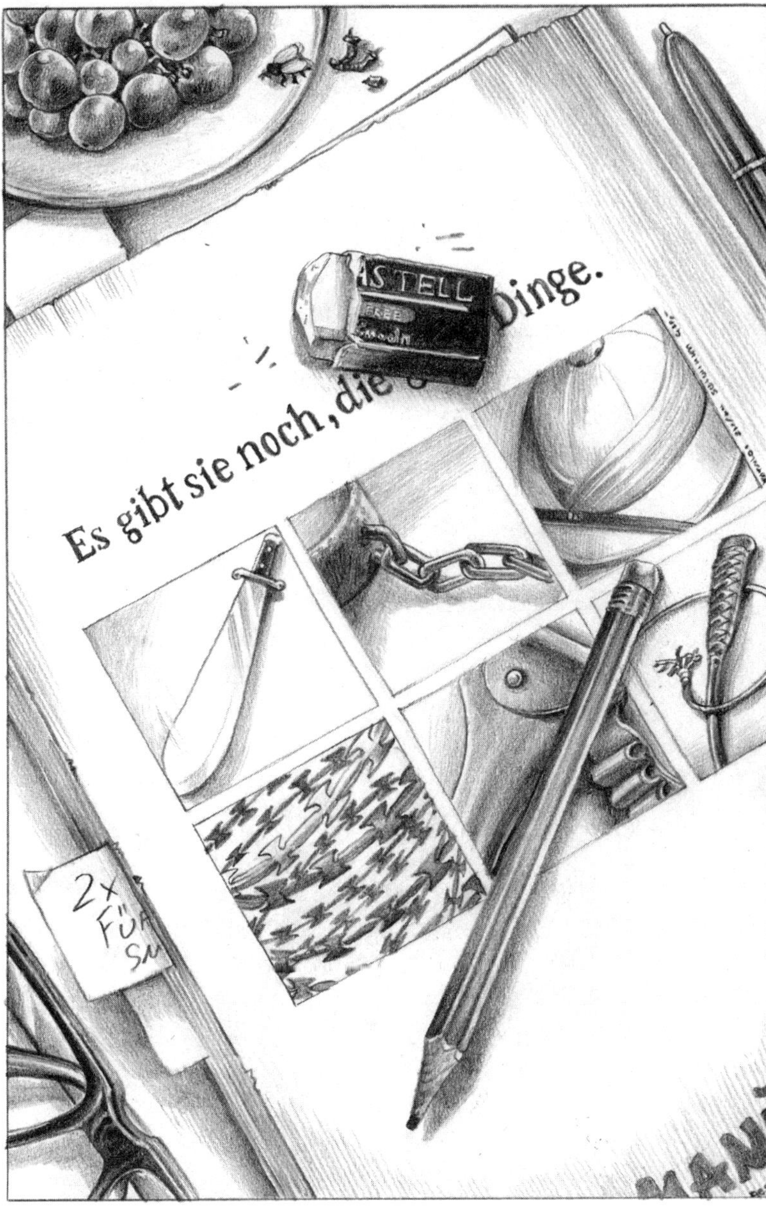

Es gibt sie noch, die
Dinge.

P. S. Auswärtiges Amt 2015

Tragen Sie keine Wertgegenstände (Uhren, Schmuck) und nur wenig Geld bei sich. Erkundigen Sie sich im Hotel, bei den Touristenbüros oder den Tourist Units über Stadtteile und Orte, die zu meiden sind, und gehen Sie nachts nie allein auf die Straße. Führen Sie ein Mobiltelefon mit sich und informieren Sie sich über die Notfallnummern. Einzelreisende sind besonders gefährdet. Schließen Sie sich, wenn möglich, organisierten Touristengruppen an. Setzen Sie Ihre Kreditkarte mit großer Vorsicht ein, denn Missbrauch ist verbreitet. Vorsicht mit Geldautomaten – diese werden teilweise für Missbräuche manipuliert. Vermeiden Sie, gleich nach Ankunft auf dem Flughafen Geldautomaten zu benutzen. Meiden Sie, wenn möglich, die Bahnhöfe von Johannesburg und Kapstadt. Nehmen Sie keine Minibus-Taxis. Halten Sie die Autofenster geschlossen und verriegeln Sie die Türen. Besuchen Sie die Townships in den Randgebieten der großen Städte nur mit geführten Touren und in Begleitung. Leisten Sie bei einem Überfall keinen Widerstand, denn die Gewaltbereitschaft ist hoch. Bei Zufallsbekanntschaften in Bars und Restaurants ist Vorsicht geboten. Es kommt vor, dass mit Betäubungsmitteln versetzte Getränke angeboten werden, um das Opfer zu berauben.

Verschwende deine Schönheit, Wien!

19. Juli 2013

Es war das Grauen der Jugend. Die Achtziger Jahre.

Abgesehen von der neuen Deutschen Welle, Punk, dem drogenumnebelten Phlegma vor dem Ausbruch der Gier, Partys und drollige Frisuren, die das kollektive Gedächtnis mit den 80ern verbindet, ein seltsam gelbes Jahrzehnt. Es schien immer ein wenig zu ziehen, Kaffee war Plörre aus Glaskannen, Restaurants schlossen um zehn, und Menschen hatten Dauerwellen, im Westen Deutschlands, in den ich aus der noch öderen Diktatur, vor den noch schlechteren Frisuren aus dem Osten geflohen war. Sehr schnell merkte ich: Deutschland interessierte mich nicht, es gab in Osten und Westen nur Deutsche, für Amerika fehlte der Mut, aber von Wien hatte ich phantastische Bilder. Von gutgenährten Menschen, die freundlich in Cafés sitzen, jeder ein Dichter oder Kommerzienrat. Der Österreicher, wurde mir gesagt, hatte keine autoaggressive Schuldstörung wegen seiner Rolle im Holocaust am Laufen. Man hatte sich des Problems elegant mit dem Export von Hitler entledigt, und Haider legte erst langsam los. Ein Paradies. Ich stellte mir Wien klein vor, grün und an dem eleganten Fluss gelegen, der durch die Stadt fließt und an dem Heurige stattfinden. Ich träumte von Menschen, die Hrdlicka hießen und Kellner waren. Unklar, was mich an Wien so erregte, der runde Name vielleicht oder mein Hang zur Nekrophilie.

Irgendein Sonderangebot war es gewesen, für 100 Euro, die damals noch anders hießen, drei Tage Wien, und ich dachte mir, in drei Tagen werde ich die Kleinstadt begreifen. Ich kannte aus dem Ostblock vornehmlich Städte, in denen man Menschen traf, die einen bei sich übernachten ließen und zu Hochzeiten mitschleppten. Ich glaubte daran, dass sich Sachen ergäben, so wie ich damals auch noch daran glaubte, dass sich das Leben zum Guten wenden würde, ohne persönliches Zutun.

Und dann stand ich in Wien. Der Ring, von dem ich gelesen hatte, war keine kleine gemütliche Straße, durch die Miniaturstraßenbahnen fuhren, sondern eine gefühlt zwölfspurige Autobahn, über die nicht einmal Strohballen wehten. Es standen keine Wiener am Straßenrand, um mir zuzujubeln, denn es war leer, vielleicht war Sonntag. So enttäuscht wie als junger Mensch, wenn die bunten Phantasien, die man sich von Orten gemacht hatte, nicht mit der Realität übereinstimmen, kann man später nie mehr werden. Aber das half mir im Moment nicht, denn ich wusste nichts vom Alter. Ich war zwanzig und unendlich.

Die Bäume waren kahl, obgleich es Frühling hätte sein sollen, ein scharfer Ostwind fegte über die Prärie, die aus grauen Palästen bestand, die eigentlich die Post waren. Oder Wasserwerke. Oder Museen. Wo wohnen die Menschen hier? Das Hotel, das in meinem Sonderangebot inkludiert war, hieß Hotel am Schubertring. Wo es sich befand, liegt auf der Hand. Im 5. Stock eines dieser Wasserwerk/Postgebäude. Der kleinste Lift der Welt fuhr in die Etage, wo sich die Zimmer befanden, in denen niemand zu hören war. Mein Zimmer hatte ein Bett. Keine Pointe. Eine Stehlampe grinste mich an und versuchte mir etwas mitzuteilen. Aus dem Fenster sah man über regennasse Dächer, immerhin hatte es ein Fenster. Die Stadt wirkte von oben postmortal manipuliert. Ich wurde sofort müde wie noch nie in meinem Leben. Nichts rief nach mir, und widerwillig, mit einer enormen Anstrengung, verließ ich das Zimmer,

um offen zu sein für die Wunder meiner neuen Heimat. Am Ring betrat ich das erste Kaffeehaus. Da saßen diverse japanische Reisegruppen und wollten Literaten besichtigen. Ein Kellner, vielleicht war es aber auch der Pfleger aus einer Irrenanstalt, redete in einer unverständlichen Sprache. Ich trank einen Kaffee. Er sagte mir nichts. Ich verabschiedete mich, keiner reagierte. Den Ring entlang, den kalten Wind im Gesicht, suchte ich nach Wundern und gelangte zum Hotel Imperial. Ich fühlte mich wie das Mädchen mit den Schwefelhölzern und sah durch den Regen, den es nicht gab, in dieses Hotel, das nur aus einem Kronleuchter zu bestehen schien. Alte Frauen und Männer glitten auf Rollen zwischen Fauteuils und goldenen Beistelltischen, und dieses Hotel war von mir so weit entfernt wie der Mars. Ich hätte zwar nicht gewusst, was ich darin getan hätte, spürte aber ein leises Aufflackern von Sozialneid, obwohl das Wort damals noch nicht existierte. Ich ging weiter die nie endende Ringstraße, ich dachte, wenn ich die Stadt einmal umrunden würde, käme Gevatter Zufall und würde mich an seinem Knochenarm in das pralle Wiener Leben ziehen. Das Burgtheater. Hätte es damals schon den heutigen Gasprom-Mitarbeiter und früheren Kanzler Schröder gegeben, hätte ich an den Gittern des Theaters gerüttelt und geschrien: Ich will hier rein! Damals wollte ich da nicht rein. Ich wollte Bildungsbürgern nicht gefallen, nur ein bisschen Kontakt hätte ich gerne gehabt, aber mit wem nur. Vielleicht lag es an meiner Jugend, dass mir die wenigen Passanten hundertjährig erschienen. Sie musterten mich grimmig, aber das bildet man sich als junger Mensch ja gerne ein, dass einen alle grimmig mustern, dabei ist man den Menschen und der Welt so egal, wie nicht stattfindender Regen.

Ich suchte etwas zu essen, fand nur Fleisch, für das der Wiener tausend Worte zu kennen scheint, suchte nach jungen Menschen und fand nur Asiaten und Rentner. Im Hotel Sacher saßen chinesische Touristen und verdrückten Schokoladenklumpen. Die Kellner hießen Hrdlicka. Und ich wurde traurig.

Es war wie ein Blind Date, auf das man romantische Hoffnungen gesetzt hatte.

Dann kam eine Dämmerung, die die Stadt mit einer Milde überzog. Absurd riesige Atelierfenster wirkten wie Schiffe Außerirdischer, Wohnungen wurden erleuchtet, sie waren groß wie Fußballstadien. Die Wiener schienen sich nicht nur in teuren Hotels auf Rollen fortzubewegen. Wie gerne hätte ich in einer dieser Wohnungen Freunde gehabt. Aber die hatte ich damals nirgends, weil ich nicht wusste, wie man das macht, das verrückte: Freunde haben. Je später es wurde, je kälter mir war, umso stärker wuchs die Befremdlichkeit der Stadt. Sie schien mich definitiv zu nichts einzuladen. In behaglicher Wärme saßen rotwangige rauchende, trinkende Menschen, die mir komplett wesensfremd schienen. Sie soffen und redeten in ihrer Eingeborenensprache, sie hatten gute Laune oder schlechte, ich hatte keine Ahnung. Ich verstand sie nicht. In meiner Einsamkeit begann ich Kneipen zu zählen. Bei 123 hörte ich auf. Ich ging den Ring zurück zu meinem Hotel und stellte mir Sommer vor. Laub an den Bäumen. Menschen in leichter Kleidung, die mich grüßten, mit mir in die Kaffeehäuser meiner Phantasie gingen und in geheime Clubs, wo wienerische Exilpoeten

Gedichte vorgetragen hätten. Ich gönnte mir ein Abendbrot. Es bestand aus heißer Milch, ich hatte für zwei Tage Wien nicht mehr viel Geld übrig. Vielleicht 18 Euro, die damals noch anders hießen, wie ich schon erwähnte. Es erschien ein Lohndiener. Er sah aus wie Nosferatu. Die Stehlampe kicherte. Der Regen schlug gegen die Fenster und führte kein Wasser. Ich dachte, ich sei allein auf der Welt und keiner fände mich, würde ich einen Unfall hier haben. Ausbluten zum Beispiel. Es stirbt sich nicht so leicht, mit zwanzig. Leider erwachte ich und zog am nächsten Morgen wieder in den Krieg. Ich hatte warme Kleidung angelegt und lief den Ring in die andere Richtung, um zu dem kleinen Fluss zu gelangen, den ich mir ausgemalt hatte. An jenem Tag war wieder keiner auf der Straße, vielleicht

war eine Warnung ausgegeben worden. Oder es war Sonntag. Es war mir schon klar, dass der kleine Fluss entweder zubetoniert sein musste oder ein unwirtlicher Strom wäre. Ich stand an einem betonierten Flussbett und blickte dumpf in ein graues Meer. Ein Mann sprach mich an, mein Herz schlug schneller. Endlich, da war er. Mein Wiener Freund. Ich hätte den Mann fast umarmt, wenn er nicht so furchtbar gerochen hätte, vermutlich einer dieser Menschen, die jeden Morgen eine Flasche 67 Whiskey über sich entleeren, einfach weil sie es können. Der Mann bat mich um finanzielle Zuwendung, und ich war so glücklich über Gesellschaft, dass ich ihm mein verbliebenes Geld überließ. Der Mann entfernte sich ohne Dank. Die restliche Zeit verbrachte ich dann in meinem Hotelzimmer auf dem Fensterbrett. Vielleicht aß ich die Plastikblumen, ich habe es vergessen. Es schien mir, als würde sich mein Lebens-Zirkel schließen, und ich war wirklich überrascht, dass ich irgendwann die Stadt verlassen durfte. Ich hatte damit gerechnet, dass sie den Bahnhof geschlossen hatten, wegen Sonntag.

Das war mein erster Kontakt mit Wien, mit der Ringstraße, ein Trauma, das mich Jahre prägen sollte.

Aber alles wächst sich aus. Meine Versöhnung mit Wien, die irgendwann in Liebe umschlagen wird, wenn ich ein Ehrenmal auf dem Zentralfriedhof bekomme, dauerte zwanzig Jahre. In denen sich Europa angenehm veränderte. Es renovierte die äußeren Schäden des Krieges weg, die inneren wuchsen sich aus. Man hasst Andersartigkeit versteckter, an linken und rechten Rändern, die Mitte gibt sich aufgeklärt und gutgekleidet, Österreich ist nicht mehr so sehr Haneke, sondern mehr Seidl, weniger gelb, die Rentner verloren die Vorherrschaft, oder ich näherte mich ihnen an, und mit jedem Wienbesuch gewöhnte sich die Stadt mehr an mich. Zögerlich begannen die Eingeborenen mit mir zu reden. Die Wiener wurden jünger, schöner, die Stadt internationaler, wenn das meint, sie wurde zu der universellen Großstadt, die irgendwie war wie alle Großstädte im Westen der Welt. Mit den gleichen Läden, Restaurants, dem gleichen Modegeschmack der jungen Menschen, der gleichen Musik. Doch Wien hat, im Gegensatz zu vielen anderen universellen Städten des Westens, ein kleines moderndes Geheimnis bewahrt. Seltsame leere Fabriken und Kaffeehäuser mit nur einem Kunden, komische verstaubte Läden und verwunschene Innenhöfe gibt es noch, nicht mehr lange, denn die Welt ist zu voll geworden, wer kann sich da schon leere Innenhöfe leisten. Österreich geht es gut. Ich wohnte jüngst im Hotel Imperial, trug mich ins goldene Gästebuch ein und dachte kurz an damals, als ich vor der Tür stand, und das war mir dann so symbolisch, dass ich an dieser Stelle gerne abbrechen möchte, denn ich vermute, dass ich unterdessen verstorben bin.

P. S. 2015

Die rechtspopulistische Freiheitliche Partei Österreichs (FPÖ) schickt nach ihrem Sieg am 24. April 2016 erstmals einen Kandidaten in die Stichwahl für das Bundespräsidentenamt. Zudem sehen viele Bürger im FPÖ-Chef Heinz-Christian Strache den besseren Kanzler als im Amtsinhaber Werner Faymann (SPÖ). Vor allem Arbeiter, junge Männer und ältere Wähler sind Anhänger des europa- und ausländerkritischen FPÖ-Kurses. Das Motto der FPÖ: »Österreich zuerst«.

Das ist der Norden. Hier wohnt der Freak!

Israel 2013

Die Zwillinge aus Shining sind, von nicht näher bekannten Drogen begleitet, unerfreulich erwachsen geworden. Im Gleichschritt laufen die blonden, rotgesichtigen Frauen unklaren Alters von fast zwergenhaftem Wuchs mit einer Mission durch den Garten des Cafés 77. Seine Besitzerin ist eine Australierin, die auch in einem indischen Aschram/besetzten Haus/Rückführungskurs in Katmandu hervorragend mit der Umgebung verschmelzen würde. Sie betreut neben ihrer organischen Bäckerei noch rehabilitationswillige Menschen mit diversen Problemen. Neben den Zwillingen hockt ein junger Mann im Garten, dessen hektische Bewegungen die Sprache der Neurotransmitterstörung sprechen.

Orangen hängen tief, Vögel singen entfesselt.

Willkommen in Amirim.

Die rein vegetarische Siedlung wirkt wie etwas, das einem in der Nacht erscheint, wenn man an den perfekten Ort zum Leben denkt, ein Paradies, weit weg von allem, was der Kapitalismus an Unannehmlichkeiten mit sich gebracht hat.

Es riecht nach Erkältungsbad in dem Dorf, das sich an den Hügel drückt. Kleine, helle Häuschen zwischen Eukalyptusbäumen, Zedern, Limonen und Orangen, ein Dschungel mit Cafés, Restaurants, Massagepraxen, Glockenspielen und einem Lebensmittelladen, durch den Menschen mit dieser Art von überlegener Entspanntheit schlendern, die dem anderen immer das Gefühl gibt, auf der falschen Seite des Lebens zu stehen.

«Da sind diese Zwillinge«, sagt Yehudi Kaduri wenig später in seinem Haus, sie machen einen völlig bekloppt. Der stämmige Herr rührt im offenen Feuer. »Es tauchen immer mehr seltsame Menschen auf. So wie die Touristen ihre Hunde bei uns deponieren, weil wir sie nicht essen, tun sie es unterdessen auch mit misslungenen Angehörigen.»

Yehudi ist klein, mit hellen Augen, drahtig und stark. Ein Bulldoggen-Mann, mit großen Händen. Damit hat er Amirim gebaut. Und zwar nicht im übertragenen Sinn. In Israel findet man noch Menschen, die Städte, Dörfer und Landwirtschaften ohne jede Vorbildung, aber mit einer verzweifelten Energie errichtet haben. Leute wie Yehudi haben in sechzig Jahren ein Land aus dem Nichts geschaffen, das sich heute kaum von jedem eleganten Ort der westlichen Welt unterscheidet.

Yehudi verließ als Kind armer persischer Juden die Schule mit 12 und wurde Hilfsarbeiter. Mit 15 wusste er, dass er Vegetarier ist, so wie er später wusste, dass er den Lehren Rudolf Steiners folgen musste und im vorigen Leben als Pilot Willi in Deutschland ums Leben gekommen war.

Er gründete eine Vegetarier-Gruppe in Tel Aviv und träumte von einer Siedlung mit seinen Kameraden, in der nie ein Tier als Nahrung enden würde. Damals, vor über fünfzig Jahren, eine verwegene Idee.

Sie waren drei Familien und acht Alleinstehende, die eine Utopie bauen wollten, das erste Vegetarier-Dorf der Welt, und sich an die Behörde wandten, die damals für die Besiedlung des Landes zuständig war. Vegetarisch oder nicht war den Behörden egal, sie suchten Menschen, die in den Norden gingen, denn dort gab es nicht viel, außer den Blick über den See Genezareth, auf dem Jesus seine Runden gedreht hatte. Die frohen Vegetarier, alle Anfang zwanzig, reisten in Richtung Galiläa und verliebten sich sofort in den Platz, der heute Amirim ist. Yehudi erzählt von ein paar verlassenen Hütten, die Regierung hatte sie für Juden aus Marokko errichten lassen, die sich aber im Schnee der Gegend nicht heimisch fühlten. Er erzählt von Schlangen, Skorpionen, den Tücken, eine Straße zu bauen, sein Kaminfeuer brennt, ein verwahrlostes Mädchen reibt seine Hände, draußen geht ein Sturm. Der Mann, der mit weit über siebzig über mehr Energie verfügt als ich mit achtzehn, zeigt sein Haus und einen riesigen Steinerdom für Konzerte und Zusammenkünfte im Obergeschoss. Der Meister erscheint ihm hier ab und an, auch der Erzengel Michael war bereits da, Yehudi kommt langsam in Fahrt, die Nacht ist sein Revier, von der Terrasse sieht man bis zum Meer über heiliges Gebiet, Spinnergebiet. Seit Jahrtausenden. Noch heute wohnen hier Menschen in Höhlen, die lange Bärte haben – auch die Frauen –, und die man mit erleuchtetem Blick durch die Gegend wanken sieht. Noch heute trifft man scheinbar normale Stadträte eines Ortes, denen Engel erscheinen. »Hier war alles dunkel«, sagt Jehuda. »Kein Licht, keine Bäume, keine Straßen. Das haben wir gebaut.«

Irgendwann wandelte sich die vegetarische organische Bauerngemeinschaft in einen Touristenort. Die kleinen Häuschen, die Gäste aus den Städten mieten können, heißen »Zimmer«. Damals, in den sechziger Jahren kamen sie, um sich kurz vom Aufbau des Landes zu erholen, heute macht man hier Wellness, Holistic, Spa und Dinge, für die es früher noch nicht einmal einen Namen gab. Die vegetarischen Restaurants sind berühmt im ganzen Land, und das Erlebnis, in einem Zeitmaschinenrückführungsraum der achtzigjährigen Superköchin Dalia, der Nachbarin Jehudas, zu sitzen, den Tisch voller Salate und Quiches, ist einmalig. »Ich war zweimal die beste Köchin Israels«, sagt die auberginehaarfarbige Dame, deren Eltern einst aus Polen geflüchtet sind. Dalia war auch von Anfang an dabei, in Amirim.

Von diversen Raketenangriffen abgesehen, liegt das nordisraelische Amirim in einer Gegend, die am ehesten Ligurien gleicht, vermischt mit dem Tessin und Kalifornien. Zwanzig Grad im Dezember, und der gelinde Geschmack religiösen Irrsinns in der Atmosphäre. Alles hier ist irgendwie dicker aufgetragen, alberner, größer, lustiger, tragischer als an jedem anderen Ort der Welt. Sind in Israel neben holocaustüberlebenden Juden und deren Nachkommen aus Europa, Afrika, Südamerika, den arabischen Ländern, Araber, Drusen, Christen zu einem eigensinnigen Volk zusammengewachsen, wohnen hier im Norden gefühlt tausende Sektenmitglieder, Esoteriker, Einsiedler, Weltuntergangsgläubiger. Bis auf die ultrareligiösen, unangenehmen Spinner, die den Staat Israel ablehnen, hassen sich alle, wie an jedem anderen Ort, und halten doch auf anrührende Weise zusammen in einem Gefühl der Verstoßenheit von der Welt.

Die Luft flirrt. Der Weg nach Rosh Pina, einer Kleinstadt von der Größe Solothurns, einst ein Aussteigernest, wo glückliche Kiffer und Reiki-Spezialisten neben Aura-Lesern und Wünschelrutengängern wohnten, ist mit teils tausendjährigen Rabbigräbern bestanden. Zu denen kommen Religiöse und normal Verrückte, um an den heiligen Orten einen direkten Draht zu Gott zu legen. Es gibt Gräber, die sich besonders für Liebeswünsche eignen, andere sind für Gesundheit oder Lebenssinnfragen zuständig.

Zum Grab von Rabbi Shimon Ben Jochai, der im zweiten Jahrhundert, als die Römer das Land besetzt hatten und die Thora verboten, Widerworte gebend in eine Höhle fliehen musste, kommen an hohen Feiertagen Hunderttausende. Unter der Woche sind es nur ein paar Hundert, die, nach Geschlecht getrennt, zu Jochais Gebeinen pilgern. Inmitten entrückt betender Frauen wünsche ich einen Mann für meinen schwulen, mitreisenden Freund. Der Rabbi wird es weiterleiten. Rauch steigt auf. Andauernd steigt irgendwo Rauch auf, es

SPIEL MIT UNS!

scheint zum Norden des Landes zu gehören, wie der Geruch der Pinien.

Die beiden Zwillinge aus Amirim gehen im Gleichschritt durch die Zwischenwelt, dunkle Schatten religiöser Menschen huschen über Steinhaufen. Religiöser Ernst, der nach zehn Minuten Fahrt wieder vergessen ist, wenn man Rosh Pina erreicht, das Santa Fé des Nordens.

Da stromern Touristen durch ambitioniert renovierte Andenkenläden in putzigen Häusern, schlittern über blankgetretenes Pflaster, sitzen in edlen Cafés und Restaurants, bestaunen die Aussicht auf die Ebene und trinken Golanwein. »Stösschen!« Der Ort ist schön, aber für mich nicht seltsam genug. Ich fahre weiter in Richtung Meer. Nach Maalot. Eine kleine Pause im Hacienda Forstview, einem architektonischen Meisterstück aus den Sechziger Jahren. Sozialistisches Erholungsheim, von jeder Renovierung verschont, Kibbuzküchen, irgendetwas, das es heute so nirgendwo mehr gibt. Auf Wiesen lungern Gruppen glücklicher Familien, ein wenig Unbeschwertheit, bevor ich wenige Meter weiter, etwas besorgt wegen meiner Obsession umgehend zu weinen, wenn ich nette alte Menschen treffe, vor einem Gebäude stehe und auf eine Rollstuhlparade schaue.

Von Zedakah wusste ich nur, dass hier Holocaustüberlebende von Deutschen gepflegt werden. Im Moment sind es dreiundzwanzig.

Goldgelbes Dezemberlicht, imaginäre Staubpartikel wie Silber, ein Strauss-Walzer liegt schwerelos über dem Speisesaal. Frau M. sieht aus dem Fenster. Sie ist neunzig, ihr Mann hat zweiundzwanzig Lager überstanden, und sie ihn, und nun ist sie hier, im Altersheim, das deutsche Christen leiten. Größtenteils in Rollstühlen sitzen die alten Damen, sie wirken so zufrieden, wie man es sein kann, wenn man ein paar Lager hinter sich hat, so glücklich, wie man eben ist, wenn man ahnt, dass das Leben bald vorbei sein wird und es keine Möglichkeit mehr gibt, es richtungsändernd zu beeinflussen.

«Praktischer Liebesdienst« nennt Herr Bayer senior, was er, sein Sohn und ungefähr vierzig deutsche Volontäre hier an alleinstehenden, mittellosen Holocaustüberlebenden leisten. Die einzige Bedingung für eine Aufnahme in dieses schöne Haus ist, dass man Deutsch oder Jiddisch beherrscht, damit es eine Basis der Verständigung gibt mit dem Personal.

Nach dem Krieg gründeten Herr und Frau Nothacker, Christen aus Bad Liebenzell, nachdem sie, sagen wir, einen Auftrag erhalten hatten, das erste Heim in Israel. Heute sind es zwei, ein Altenpflegeheim und eine Art kostenlose Urlaubseinrichtung am Meer. Michael Bayer, kurz Herr Bayer junior, ein großer, blonder Mann mit ausnehmend freundlichem Gesicht, führt mich durch das Heim und erklärt mit so viel Enthusiasmus die Einrichtung, die Bastelräume, die Physiotherapie, winkt den Bewohnern zu, berührt sie kurz, dass ich mir sicher bin, hier das Gute zu treffen. Einen Menschen, der nicht von Liebe redet, sondern sie empfindet. Der nicht von der Weltrettung quatscht, sondern die Welt rettet, was heißt: dem Menschen, der neben einem liegt, auf die Beine zu helfen.

Herr Bayer erzählt von der Zeit, die viele brauchen, um sich erinnern zu wollen und um von ihren ermordeten Kindern zu sprechen, von der Demütigung, der Kälte, der Angst und dem Gefühl der Uferlosigkeit. Er berichtet von der Traurigkeit, die auch im Lachen anwesend ist, und dem Urvertrauen, das fehlt, wenn man erleben musste, dass es keine Sicherheit gibt, damals in Europa nicht und heute hier, auf dieser kleinen Insel, auf der Insel, umgeben von Menschen, die Israel gerne ausgelöscht sähen, auch nicht. Unter den beiden Stockwerken befindet sich der Bunker des Altenheims. 2006 lebten die Bewohner des Hauses hier sechs Wochen, während Raketen der Hisbollah in ihrer Nachbarschaft einschlugen. Der Bunker, hergestellt von der Beth-El Group, schützt gegen Raketen, Bomben und chemische Waffen. Das ist wichtig, denn Gasmasken wollen die Bewohner nicht mehr tragen. Wir haben einmal Gas gerochen, sagen sie, das langt.

Heute sind die Feste die Höhepunkte der Heimbewohner und die Basare, an denen sie selbsthergestelltes Kunsthandwerk verkaufen, neben dem sie dann sitzen, stolz auf Untersetzer und Seidenschals, und strahlen, wenn eines verkauft wird. Und jetzt weine ich und würde, wäre gerade so ein Basar, alles kaufen, um die Alten lächeln zu sehen. Michael Bayer, sein Vater, die Volontäre – ich möchte sie umarmen, für ihre Arbeit, dafür, dass Gott sie dazu gebracht hat, ihr Leben alten Menschen zu widmen, sie in Rollstühlen spazieren zu fahren. Wenn ihre Religion heißt, dass sie Terror verabscheuen, Pläne von Terroristen, die Altersheime und Krankenhäuser auf Webseiten als Ziele für Raketen markieren, dann ist mir das ein lieber Glaube. Mit der Hilfe Gottes bekommt der Zedakah jedes Jahr genug Geld gespendet, um weiterzumachen, sicher ist das Überleben der Heime nicht, doch Herr Bayer vertraut auf Wunder, wie fast alle hier im Norden.

Ich fahre nach Haifa. Die Zwillinge sind nicht zu sehen, aber einige Beduinen, die ich bei der Aufzählung der Völkerstämme vergaß, ein Dorf, in dem Drusen wohnen, die sehr gerne in der israelischen Armee dienen und Araber nicht leiden können, eine Stadt der Araber daneben, die vermutlich Drusen nicht mögen, aber sehr gerne Israelis sind, mit ausufernd verschnörkelten Villen. Auf der Straße die beschissensten Autofahrer der Welt, herkunftsunabhängig. Der Israeli fährt nicht nur schlecht, sondern zudem laut, falsch und unsicher. Kleine Mopeds eiern auf der Autobahn, ab und an hält der Fahrer, um am Straßenrand in Ruhe jemanden am Telefon zu beschimpfen, und dann taucht Haifa auf, das irgendwann vor Errichtung der Chemiewerke schön gewesen sein soll.

Dominant hängt eine riesige, terrassenförmige Grünfläche am Berg über der Stadt, aus deren Mitte ein weißes Gebäude ragt, groß wie der Petersdom.

Das ist der bescheidene Garten der Bahai, der die Schönheit der Welt symbolisieren soll; vermutlich nachdem an einem fernen Tage alle Menschen dieser Religion anhängig geworden sind. Immerhin haben sich für diesen ehrgeizigen Ansatz bislang fast sieben Millionen Menschen begeistern können.

Zwei kleine blitzsaubere Bahistas aus den USA und aus Berlin, die sich vermutlich anders nennen, erzählen von ihrer Religion. Der Bab (Tor zu Gott) ist in Persien geboren, hatte 1844 eine göttliche Offenbarung und gründete eine neue, schiitisch beeinflusste Religion. Wie es sich für ein ordentliches arabisches Land gehört, stieß das nicht auf Begeisterung. 1850 wurde er in Täbris öffentlich füsiliert, und Tausende seiner Anhänger wurden getötet. Seinem Schüler, Baha'ullah, gelang die Flucht. Nach einer langen Exil-Odyssee verbrachte er den Rest seines Lebens in einer Gefangenenkolonie in Akkon. Auf einem der Ausflüge, die der Führer unternehmen durfte, kam ihm beim Anblick eines Zypressenhaines ob Haifa die Eingebung, dass dort das Zentrum seiner Religion sein werde, irgendwann, in einer fernen Zeit.

Nachdem wir die energetische Aufladung durch die Reliquien ihres lang verstorbenen und nun im Haupttempel beerdigten Führers erfahren und ehrfürchtig die Gebäude bestaunt haben, die in ihrer überbordenden Helligkeit eine Mischung aus Weißem Haus und Taj Mahal darstellen, erklären die hochintelligenten jungen Frauen mit rosigen Wangen und leuchtenden Augen ihre Religion. Sie glauben, dass nur ein Gott mit verschiedenen Namen existiert, sie sind für die absolute Gleichberechtigung der Geschlechter und glauben an Bildung als Grundlage des menschlichen Weiterlebens. Warum in dem Führungsgremium der Religion keine Frau vertreten ist, frage ich, und auch darauf gibt es eine Antwort. In den Schriften steht geschrieben, dass sich diese Frage eines Tages so klar beantworten wird, wie der Tag der Nacht folgt. Dagegen ist nichts zu sagen, der Mangel an Frauen in allen Führungspositionen der Welt wird sich sicher irgendwann auch so erklären. Die umfassenden Inhalte der Bahai-Religion wiederzugeben, ist unmöglich, doch ahne ich ein wenig von dem heutigen Esperanto-Ansatz der Bahai. Eine wunderbar elitäre Geschichte, verwirrend nur, dass auch diese Religion, die neunzig Prozent der Menschen völlig unbekannt ist, hier in Haifa einen Berg besetzt, und nicht zum Beispiel in der Schweiz. Es ist eben Israel, hier muss man sein, wenn man als Religion was auf sich hält.

Wir sitzen mit den Frauen im Infozentrum, das aussieht wie eine Nato-Außenstation, und sehen einen Bahai Info-Film, in dem Menschen aller Hautfarben bei einem der fünfjährig stattfindenden Welttreffen zusammen lachen und studieren. Erstaunlich, dass Menschen, um durch den Dschungel des Lebens zu schreiten, immer eines Hirten bedürfen.

Ich wünsche den Bahais alles Gute und fahre weiter nach Ein Hod. Ein Künstlerdorf, das Saint-Paul-de-Vence im Süden Frankreichs erstaunlich gleicht. Gelbe Sandsteinhäuser, drollig bunte Metallfenster, geputzte Fußwege, Ateliers, Cafés, ältere Menschen mit bunter, körperferner Kleidung. Der Ort, ebenfalls eine frühe Pioniersiedlung Israels, wurde 1953 auf Initiative des Dadaisten Marcel Janco zu einer Künstlerkolonie. Zehn Israel-Preisträger für Kunst gingen aus diesem Dorf hervor, was mich kurz frösteln lässt. Diese universelle Sprache schlechter Kunst. In allen Ländern der Welt sind aufrechte Menschen damit beschäftigt, ihre von zu netter Umgebung flach gewordenen Gedanken in Bronze zu gießen. Aus dem Edelmetall werden lustige Liebespaare, alte, ausgetretene Schuhe und überoriginelle Don Quichottes, warum nur immer diese Don Quichottes? Durch die Gassen, die matt in der Mittagshitze liegen, klingt Musik aus den Anden. Ich muss schnell weg, ehe die Zwillinge auftauchen, oder die riesige Don-Quichotte-Plastik lebendig wird – apropos Christen.

Ich hörte von einer Gruppe Deutscher, die sich nach dem zweiten Weltkrieg in Israel ansiedelte, um die Juden mit Gasmasken zu versorgen. Die Geschichte klingt so seltsam, dass eine Besichtigung der Beth-El Industries (der Bunker im Altersheim!) in Zichron-Yaacov, einem reizend wohlhabenden Ort mit hundertvierzigjähriger Geschichte, lohnt: um zu überprüfen, was an der Legende stimmt.

Zichron-Yaacov (die komplizierten Namen habe ich mir nur ausgedacht, um mich noch mehr zu verwirren) liegt auf einem Hügel, blickt zum Meer und gleicht einem Ferienort. Schattige Alleen, Villen, Gärten, Singvögel und wohlgestalte Menschen. Die Stadt wurde 1881 von jüdischen Einwanderern mit Unterstützung des Barons Edmond de Rothschild als Moschaw gegründet, eine Art Light-Kibbuz, der bis heute führend in der Weinherstellung ist.

Auf der Straße frage ich eine jener alten Damen, die es nur in Israel zu geben scheint, vermutlich hundertjährig, mit feinen Gesichtszügen, schlampiger Kleidung und erlesenem Makeup, nach den Beth-El Fabriken: »Ah, die Deutschen«, antwortet die Dame auf Deutsch und weist den Weg.

Kurz darauf sitze ich mit Christen im Besprechungszimmer der Beth-El Gemeinschaft, Firma, oder was auch immer. Herr Adler, ein gemeißelter, großer Mann, der wirkt, als stünde er vor einer Gemeinschaft auf einem Fels und zeige auf eine in der Ferne liegende Zukunft, und Herr Blind, die mildere Version des Strenggläubigen, mit weniger Kanten, bitten um die Erlaubnis zum Gebet vor dem Genuss der selbstproduzierten Kekse, dem ich nicht im Weg stehen möchte. »Wer Israel segnet, der ist gesegnet«, sagt Herr Adler, der vermutlich der Chef des Konzerns, vielleicht auch der Glaubensgemeinschaft von rund siebenhundert Deutschen oder Deutschstämmigen ist.

Die beiden Männer beten, das Neonlicht flackert, wir essen Kekse, und ich erfahre eine weitere seltsame Geschichte.

Sie beginnt in Schwaben mit Emma Berger, einer christlichen, deutschen Röntgenschwester, die von einer Überdosis Strahlen dem Ende nah schien und zu Gott betete. Ich weiß nicht, wie man zu Gott betet, aber vielleicht sagte sie so etwas wie: Wenn ich jetzt nicht sterbe, Gott, dann widme ich dir mein Leben. Ein goldener Krug ergoss sich über sie, das Wunder geschah, und Emma Berger, die immer gerne Jüdin gewesen wäre, weil sie die Juden für das auserwählte Volk hielt, so wie es in der Bibel steht, wurde geheilt. Schwester Emma, voller gesunder Kraft, begann danach die Bibel zu studieren, sie suchte nach einem tieferen Glauben und fand ihn in den Texten der Bibel und deren wörtlicher Auslegung. Bald hatte Emma eine Gemeinschaft von Menschen um sich versammelt, die nicht aus der Kirche austraten, aber sich ihr auch nicht mehr zugehörig fühlten. Ihre Aufgabe lag: in Israel. Und lautete: Den Segen, der von Israel in die Welt ausging, zurück ins Land tragen. Sagt Herr Adler.

Als die erste Gruppe deutscher Christen aus dem schwäbischen Raum in den sechziger Jahren nach Israel zog und ein Haus erwarb, war die Reaktion der Israelis in dem noch jungen Land nicht überschwänglich. Kaum bauten sich die Juden etwas auf, standen die Deutschen schon wieder auf der Matte, mögen sie gedacht haben, und vielleicht lachten sie auch heimlich bei der drolligen Idee der Gasschutzanlagen, die die Deutschen in den siebziger Jahren zu entwickeln begannen. Wie sie auf ihre Ideen gekommen waren? Herr Adler überlegt nicht lange. Gott hat sie ihnen geschenkt, und ein Berater der Regierung übermittelte ihnen Gottes Wunsch.

Ich stelle mir vor, wie der Israeli den Deutschen vorschlug, doch was mit Gas zu machen, und sich danach noch wochenlang kringelte vor Vergnügen über den guten Witz.

Vermutlich war es aber so, dass der Berater den Deutschen einfach übermittelte, woran es dem jungen Land mangelte: an vernünftigen Schutzräumen!

Heute hat Beth El-Industries ein beeindruckendes Portfolio vorzuweisen, wie wir Banker gerne sagen. Neben den weltweit führenden ABC-Schutzanlagen stellen sie Lebensmittel, hydraulische Feinmechanik, Gebäck, Marmelade, lebensmitteltechnische Anlagen und Federbetten her. Die gesamte israelische Armee wird hier mit Schutzvorrichtungen ausgestattet, fast jedes Haus verfügt über einen Beth El-Schutzraum, das Geld für ihre zahlreichen karitativen Unternehmungen verdient die Gruppe bei Geschäften mit dem Ausland, denn an Israel bereichern sie sich nicht. Neben den ABC-Schutzanlagen begeistert mich vor allem eine mobile Quarantäne- und Operationsstation, die heute zum Beispiel von der israelischen Hilfsorganisation »Eye from Zyon« weltweit eingesetzt wird.

Herr Adler verabschiedet sich, mit ihm verlässt der strenge Gott den Raum.

Ich besichtige das Werk der eifrigen Schwaben. Herr Blind ist euphorisch. Er liebt Israel und zeigt mir die Arbeit, die er und die anderen für das Land geleistet haben, mit solcher Begeisterung, dass man ihn dafür sehr lieb gewinnt. Das Hauptgebäude der heutigen Fabrikation, Wohnhäuser, ein Altenheim, ein Gästehaus befinden sich in dem schönen Ort, in dem auch Herr Rothschild und seine Gattin begraben liegen. Die Gruppe hat eine eigene Schule, in der die Kinder deutsch, hebräisch und englisch unterrichtet werden, jedes Jahr gibt es für israelische Jugendliche ungefähr sechzig Lehrstellen. Die Gemeinschaft mag keine Fernseher, keine Medien. Das Leben aller ordnet sich dem göttlichen Auftrag unter, Liebe und Wohlstand nach Israel zu tragen. Die Frauen tragen lange Röcke, sie sind bar jedes Make-ups, jeden Schmucks, die Männer sind unauffällig beige, in der Kantine der Firma herrscht ein freundlicher Ton, die glücklichen Christen essen Würstchen. Herr Blind redet nicht von all den Hilfsprojekten, die die Gemeinschaft finanziert. Im Gegensatz zu vielen Stars tanzen sie hier nicht öffentlich mit afrikanischen Kindern, sondern befolgen nur Gottes Wort. Wer auch immer Gott ist, was auch immer er Menschen bedeutet, gegen Religion ist nichts einzuwenden, solange sie anderen nicht auf den Wecker geht.

Ich werde von Herrn Blind mit einer der zahlreichen Entwicklungen der Firma, Keksen, die nicht dickmachen, versorgt, wir schauen auf das Meer, und ich bin gerührt von Menschen, die sich nicht zu wichtig nehmen und nach etwas suchen, das größer ist als der Kapitalismus. Ein wenig überbordend die Idealisierung und die Liebe zum Land, die vermutlich viel mit einem gesunden Schuldgefühl in Verbindung mit starker Frömmigkeit zu tun hat, doch mir allemal verständlicher ist als der geisteskranke Antisemitismus, der heute in Europa weit verbreitet ist und von seltsam gleichgesteuerten Medien genährt wird.

»Kommen Sie wieder vorbei.« Herr Blind winkt. Das Firmengebäude scheint zum Abschied ebenfalls zu lächeln, und ich fahre zurück in meine kleine Gemüseesserfarm Amirim. Den Rudolf-Steiner-Kibbuz Harduf, der 1982 natürlich auch hier im Norden gegründet wurde, schaffe ich mental nicht mehr.

Ich sehe die Zwillinge in eines der Rabbigräber huschen, die Sonne geht unter. Die heißen Sprudelbecken erfüllen die Luft zusammen mit Pinien und Rauch, und der Irrsinn, der ist kaum noch zu spüren. Das war eine Woche im Norden Israels. Gefühlte hundert Stunden auf Straßen mit Wahnsinnigen, reale dreitausend Menschen mit viertausend unterschiedlichen Lebenskonzepten, die alle richtig sind, im Moment der Begegnung völlig nachvollziehbar. Eine Woche unter Pinien und Gläubigen, zwischen Schönheit und Nervosität. Mein Augenlid zuckt ein wenig, ich sehne mich nach der Einfachheit des Lebens zu Hause, in der Schweiz, wo alle nur ein Konzept zu haben scheinen, das unbedingt etwas mit Sicherheit zu tun hat. Die gibt es hier nicht.

Jeder Tag scheint ein Experiment mit unklarem Ausgang. Mein mitgereister Freund seufzt leise, man fühlt sich weniger lebendig zu Hause, sagt er.

Ein Mann kommt uns aus der Dunkelheit entgegen. Vielleicht der Mann für den Freund, der pünktlich zu unserer Abreise von Rabbi Jochai geliefert wird.

Wenn nicht hier, wo sonst gibt es noch Wunder?

P. S.

Tel Aviv, 1. Januar 2016

Ich bin wie jedes Jahresende in Israel. Der allzu ruhigen Zeit zu Hause weglaufen. Wegfliegen. Denn Laufen aus der Schweiz nach Israel liegt nicht drin. Mit dem Auto, dem Zug fahren liegt nicht drin, wenn man nach Israel will. Es ist wie die DDR. Kenn ich. Ein kleiner Zipfel Land umgeben von Regierungen in Ländern, die die Menschen hier gerne ins Meer treiben wollen. Auslöschen. Anderes Thema. Ich bin hier, um die Familie und Bekannte zu besuchen. Die Runde machen. Jeden Abend. Und dann wieder von vorne beginnen. Mit jedem Tag müder werdend. Ich bin wie jedes Jahr hier, seit gefühlten hundert Jahren, seit der ersten oder zweiten Intifada. Eine von beiden – egal, also seit jeden Tag Busse in die Luft geflogen sind. Mein Flugzeug wegen Bombenalarm andauernd am Boden blieb. Dann wurde die Mauer gebaut. Die von Selbstgerechten, die nicht hier leben, so verdammt wurde. Und die Busse flogen nicht mehr in die Luft. Dafür kamen die Raketen, die Tunnel. Die Bagger, die in Menschenansammlungen gesteuert wurden. In den letzten hundert Jahren hat sich Europa nie für das Leben mit dem Terror in Israel interessiert. Außer einem geraunten: Selber Schuld, bei der Politik, außer: Naja, ist eben da unten so, außer seltsamen Zuschreibungen, Verurteilungen und dem Gefühl: Das ist irgendwo da unten, ging es in Europa – außer die Juden oder die Angehörigen von in Israel Lebenden – wenige etwas an. Und die hier leben oder Verwandte hier haben, die sind ohnmächtig. Die Linken, die Jungen, die meisten, die ich kenne, wollen, dass ihr Land sich ändert, besser wird, sicherer, normaler, und sind machtlos gegen eine Regierung, die keiner, den ich kenne, gewählt hat, gegen den wachsenden Einfluss der Religiösen, der steigenden Hoffnungslosigkeit. Es glaubt keiner mehr, dass es gut enden kann. Gut enden wird. Mit Frieden enden wird. Weder hier noch auf der Seite der arabischen Bevölkerung. Also macht man weiter. Man gewöhnt sich. Gewöhnte sich an die Securitymänner, an das Gehasstwerden, an das Leben unter Druck. Die Menschen gewöhnen sich an alles.

Es ist der 1. Januar. Gestern kam das Unwetter, der Sturm, der Regen, die jungen Menschen mit ihren luftigen Klamotten standen frierend in Pfützen, die Luftballons hingen traurig in den Seilen. Silvester feiern ist in Mode gekommen, seit einigen Jahren. Früher gab es das nicht, da wurde das neue Jahr nach dem jüdischen Kalender gefeiert und fertig lustig.

Es ist der 1. Januar, ich sitze in der Wohnung in der Diezengoff Straße, die Einkaufs-Café-Restaurant-Promenade der Stadt. Sieht aus wie überall in Europa. Ist wie überall, wo es schön ist, in Europa.

Es ist der Abend vor Samstag, vor Schabbes, die Straßen sind voller Menschen, Kinder, Familien, Einkäufe machen, die Stadt ist voller Touristen. Leute wie ich, die vor Weihnachten in Europa fliehen, Familie besuchen, meist Juden, die christlichen Jerusalem-Touristen sind wieder abgereist oder gar nicht angereist, seit in Jerusalem jeden Tag wahllos Menschen von palästinensischen Hoffnungslosen mit dem Messer abgestochen werden und damit zu Märtyrern werden, was für ein Scheiß ist da nur los. Die neueste Serie der Attacken wurde wie üblich vom Rest der Welt mit klaren Zuschreibungen bedacht. Das übliche: Selber schuld! der Unwissenden. Das übliche: Palästinenser nach Messerattacke von Israeli getötet, in den Medien. Seit den Terroranschlägen, dem beschissenen Morden in Paris, ist, wie manche hier vielleicht gehofft haben, das Verständnis für die Situation der Israelis nicht gestiegen in Europa. Europa ist da, wo die Israelis nicht sind. Terror in Paris ist immer noch etwas anderes als der Terror hier. Natürlich, es gibt immer Ursache und Wirkung. Im Fall von Terroristen ist die Ursache: Wahn. Mordlust. Religiöser Irrsinn. Eingebildete oder reale Hoffnungslosigkeit, ein Sprung in der Schüssel und die Bereitschaft, Menschen mit ins Elend zu ziehen.

Es ist Freitag, der 1. Januar, ich sitze in der Wohnung, versuche ein Drehbuch zu schreiben, es ist Nachmittag, ich habe keine Lust auf den Familienbesuch, auf noch mehr Essen, und draußen gehen Böller los. Böller. Na klar. Irgendwelche Idioten hatten gestern wohl nicht …

Moment mal, denke ich, Böller zu Silvester gibt es nicht in Israel. Zu nervös die Menschen, zu angespannt die Situation. Die Böllerserie endet nicht. Ich gehe auf den Balkon. Schreiende Menschen kommen auf der Straße in meine Richtung gelaufen. Kinder weinen. Sie ducken sich, sie flüchten in Hauseingänge. Ich bin sehr erfroren. Wie lange braucht so ein Verstand, um zu begreifen, was passiert ist? In Israel sehr kurz. Das war das Magazin einer automatischen Waffe, die da leergeschossen wurde. Zwanzig Meter von meiner Wohnung entfernt. Ich starre auf die Straße. Kein Grund, jemanden zu retten, keine

Tür zu öffnen, die Schüsse haben aufgehört, nach zehn Minuten die ersten Sirenen, Blaulicht. Vier Krankenwagen, unzählige Polizeiwagen, Hubschrauber. Stau auf der Straße, die Busse blockieren sie. Die Menschen wagen sich aus ihren Verstecken.

Wie hier üblich kommen sofort Anrufe, SMS, Mails von Bekannten, von der Familie, bist du in Sicherheit. Es ist peinlich zu sagen: Ja, klar, ich stehe auf dem Balkon und beobachte. Es ist peinlich, in den Fernseher zu starren. Immer noch gefroren. Die Fahrzeugkolonne reißt nicht ab. Die Hubschrauber kreisen. Langsam, nach gefühlten Stunden, wird ein wenig klar, was passiert ist. Erste Überwachungsvideos: Ein junger Mann war seltsamerweise erst in einem Supermarkt, hat Nüsschen in eine Tüte gefüllt, ging zur Kasse, ging zurück, schüttete die Nüsschen aus, legte seinen Rucksack auf geparkte Einkaufswagen, zog ein Falcon-Maschinengewehr hervor, trat aus dem Supermarkt und begann in eine Bar zu schießen, in der eine Gruppe junger Menschen gerade Geburtstag feierte. Schönes Datum. Er schoss auf Fliehende, er schoss wie ein Wahnsinniger, der er ist, dann mischte er sich unter die Fliehenden, unter die, die ich in meine Richtung habe rennen sehen, und nun ist er verschwunden. Seit drei Stunden patrouillieren unten schwerbewaffnete Einsatzgruppen, durchsuchen jedes Haus, jeden Garten nach dem Mörder. Der keine Maske trug, keine Handschuhe, der bis jetzt zwei junge Menschen getötet und zehn schwer verletzt hat. Bauchschüsse, Kopfschüsse, und irgendwo draußen läuft ein Mörder und fühlt. Die Spezialisten im Fernsehen werten aus. Ein Koran im Rucksack, der Mann entspricht keinem Profil. Ein Profi. Kein Selbstmordattentäter. Ein sehr seltenes Gewehr. So what. Das Resultat ist dasselbe. Das Resultat liegt im Krankenhaus, kämpft ums Überleben. Oder ist tot.

Vielleicht war es ein ganz normaler Irrsinniger, der von den Anschlägen in Tunesien und Paris inspiriert wurde. Vielleicht war es ein Palästinenser, vielleicht ein Jude, vielleicht war er verwirrt, vielleicht echt sauer. Es ist doch so egal, wer er ist. Für viele Menschen wird das Leben seit eben nie mehr werden, was es war. Für all die Familien der Toten in Paris wird es nie mehr werden, was es war. Für alle Opfer des ständig schneller drehenden Irrsinns wird die Welt nie mehr sein, was sie war, und Terror und Wahnsinn haben eine neue Stufe erreicht. Wir werden uns daran gewöhnen. Man gewöhnt sich an alles. Wir werden einander weiter hassen, werden um die Toten weinen, werden vielleicht selber zu wem, um den geweint wird. Ich lege die Kette vor die Tür. Ich schäme mich dafür. Ich bin eine, die fast dabei war, die fast betroffen war. Wie angeberisch. Was für eine blöde Angebergeschichte. Betroffene reden nicht. Sie sind tot. Oder weinen. Oder sie sind erstarrt.

Wir sind betroffen. Wir alle, die nicht morden, sind betroffen, denn unser kurzes Leben ist bedroht von einer neuen, realistischen Angst. Angst um unsere Familien. Unsere Liebsten. Angst, dass die Welt wohl doch nicht der freundliche Ort ist, den wir uns früher erträumt haben.

P. S. 2

2015 gab es in Israel 1703 Terroranschläge.
Das ist einer alle 4 Stunden.

Und wieder ein Traum weniger

Los Angeles, 10. Juli 2006

Vorher

Außer meiner Geburt (Jahreszahl, leise gemurmelt) passierte in Weimar nichts historisch Erwähnenswertes, während im selben Jahr in Los Angeles eine Lockheed Super Constellation über dem Laurel Canyon abstürzte, 27 Gebäude zerstörte und 5 Menschen tötete. Von welchem Ort versprächen Sie sich mehr? Meine Verbindung zu Los Angeles und zum Laurel Canyon, dem schattigen Nest der Hippiebewegung, der langen Straße, die sich zum Dach der Stadt, zum Mullholland Drive windet, war also geburtsbedingt. Wegen einiger unvorhergesehener Schwierigkeiten (DDR) konnte ich meinen mir vom Schicksal irgendwie zugewiesenen Platz erst einige Jahre später besuchen, und es war so öde, wie der erste Los Angeles-Besuch für fast jeden Touristen ist: Planloses Herumfahren in diesem verrückt gewordenen Pfannkuchen von Stadt, endlose Straßen und die absurde Hässlichkeit. Heute weiß ich: Mit Los Angeles ist es wie mit mir. Man muss sich schon ein klein wenig Mühe geben, um es zu verstehen. Den Laurel Canyon fand ich übrigens damals irgendwann bei Nacht, er schien mir sehr vertraut.

1. Woche: Der Touristenteil

Probier das bitte erst mal aus, rieten Wohlmeinende, als ich im Netz ein Haus um die Ecke des Laurel Canyon, Holzveranda, Bananenpflanzen, rot gestrichen, kaufen wollte. Für dreihunderttausend Franken könnte es mir gehören, und ich würde weiße Schürzen tragen, Joints rauchen und Doris Day-Lieder singen. Es war Krise, man hätte halb Los Angeles aufkaufen können, aber was macht man damit, und vor allem: Wer putzt das Zeug? Jeden Tag beobachtete ich das Haus, es lag wie ein Stein auf dem müden Immobilien-Markt.

Ich ahnte, ich würde es am Ende meines Lebens bereuen, wenn ich nicht mutig genug gewesen wäre. Der letzte unerfüllte Traum ist Los Angeles. Wo ich mich sitzen sah, vor diversen Neutra/Schindler/Lautnerhäusern. Sonst waren da keine Bilder, außer dass ich saß und zufrieden sagte: So, da sitze ich also jetzt in Los Angeles.

Ich kaufte nicht, hörte auf Besonnene und mietete vor kurzem eine Wohnung in Los Angeles.

Sie liegt am Beachwood Drive. Oben der Hollywoodschriftzug, nahe an den Hügeln, wo Madonna irgendwann mal in einer aus Pappmaché nachgebauten römisch-arkadischen Villa wohnte, auf das Hollywood Reservoir blickte, dahin, wo es einen Park für Hunde gibt, an dem alle 5 Minuten Polizeiwagen entlangfahren, um daran zu erinnern, dass Hunde an die Leine gehören. Jeder zweite Mensch in dieser mit Bambus und Bananen zugewachsenen Straße scheint ein Hund zu sein.

Meine Wohnung ist Teil eines Komplexes, der Monroe Manor heißt, im Casa-Study-venezianischen Stil, wie fast alles hier aus Holz und Gips gebaut, und albern hellhörig, bei einem Tornado würde es das Manor abtragen, man müsste es neu erbauen, das kurbelt die Wirtschaft an, so funktioniert der Kapitalismus. In der ersten Nacht weckten mich laute Oh my

God-Schreie. Die Mieterin oben hat vermutlich grade einen Orgasmus gefaked. Ihr Freund hat, wie viele amerikanische Männer, seine Stimme sehr tief in den Keller gedrückt. Falsches Atmen und eine falsche Stimmlage sollen zu immensen körperlichen Fehlfunktionen führen. Immer wenn ich ihn mit tiefer Stimme reden höre, denke ich: Dein Körper wird bald verkrümmt wie ein alter Ast über der Veranda liegen. Irgendein Idiot hat dem jungen Paar, beide mit Nerdbrillen, eine Bongo geschenkt. Keine Pointe.

So nice, you can walk around the block, rufen Los Angeles-Bewohner irritierend laut, wenn ich sage, wo meine Wohnung liegt. Sie fragen nicht, woher kommst du, sondern: Wo wohnst du, oh Amerika, du Ort, an dem sich keiner als Tourist demütigen lassen muss. Fußläufig ein Supermarkt, Delikatessenladen, Buchladen, noch ein Buchladen, Hipster-Schallplattenladen und ein unverständliches Café, das stockdunkel ist und in dem Menschen alleine an Tischen hinter ihren Macs sitzen. Früher hätte man in solchen Kneipen geraucht, getrunken und sich Schwachsinn erzählt. Heute ist Ruhe in der Bar, die jungen Menschen, vornehmlich Männer, alle mit Bärten, betrachten schweigend organische Low-fat-Getränke. Wozu auch reden, wenn es Hunde gibt, die einen nie verklagen werden.

Es ist Dezember. Die Sonne scheint jeden Tag. Meine Unternehmungen sind die eines gewitzten Touristen. Ich fahre den Sunset Boulevard bis zum Meer, die Villen werden immer größer, die Hecken dichter, der Strand leer, an dem ich versuche, Pelikane zu zähmen. Auf Farmer-Märkten am Sonntag grüße ich all die schönen Menschen, die auch in Berlin Mitte auf Ökomärkten stehen würden, einfach mit mehr Kindern dort, hier sind die zu teuer, man trifft sich unter Gleichgesinnten, redet von Tofu und Gluten, es gelingt mir nie, Witze über den Nahrungswahn unserer Zeit zu machen, es ist mir zu gleichgültig, was Menschen tun, solange sie niemand anders belästigen. Ich sitze in kleinen Zentren wohlhabender Nachbarschaften, wie Pacific Palisades, in Cafés. Menschen, die alle Bob heißen, joggen grüßend an mir vorbei, sie winken sehnigen Frauen in engen Hosen, alle tragen Hunde und Polohemden. Hier wohnten alle deutschen Flüchtlinge in Neutra-Häusern, sahen auf den Ozean und vermissten Europa. Ich vermisse nichts. Ich bin angekommen in Amerika, dem Ort, an dem alle leben wollen. In Los Angeles, der multikulturellsten Stadt der Welt, der Stadt, die alles verheißt: Ruhm, Geld, Freunde, Köche. Mein Haus ist immer noch zu haben.

2. Woche: Der Versuch Freunde zu schaffen

Das Wetter hat sich verschlechtert. Als ob sie sich nur bei Regen auf die Straße wagten, kommen plötzlich Tausende Obdachlose zum Vorschein. Überall werden jetzt Spendenuhren aufgestellt. Sie sehen aus wie Parkuhren, und man kann im Vorbeigehen etwas für die Obdachlosen tun. Viele spenden, viele geben, vielleicht erwischt es einen ja morgen selbst? Ein wenig den Kredit überzogen, den Job verloren, keine Versicherung mehr, und dann kommt die Arztrechnung, und schon am

Abend gleicht die Stadt der Serie The Walking Dead. Untote mit ihren Einkaufskörbchen schlurfen durch die Straßen, suchen in Papierkörben nach irgendetwas. Irgendetwas.

Die, die nicht unter der Brücke hocken, sind im Stress. Es ist alles härter geworden, sagt die Sprechstundenhilfe des Augenarztes, den ich aufsuche. Sie hat zwei Jobs. Sie hat sechs Kredite und zwei Kinder. Der Augenarzt macht Werbung für sich im Fernsehen, ist brillant, und seine Hose hat Flecken. Es regnet, und ich muss mir dringend Freunde suchen, seit Jahren habe ich das nicht mehr gemacht, irgendwo neu sein und Freunde schaffen, in einer anstrengenden Atmosphäre der eigenen Bedürftigkeit. Ich habe drei dünne Kontakte.

Ich bin zu Hause bei Frances Schönberger. Die in den vergangenen dreißig Jahren unsere Frau in Hollywood war, wobei »unser« das deutschsprachige Pressewesen meint, bei der Roland Emmerich auf der Couch sitzt und die heute über die Golden Globe-Nominierungen entscheidet, wohnt in einem Haus, wie ich es mir für mich vorgestellt hatte: eine Glasbox oben am Mullholland Drive, mit Blick über die Stadt bis zum Ozean. Auf der Veranda stehend, hat man Aussicht auf die Häuser berühmter oder einfach nur reicher Menschen, irgendwo wird gerade eine Party gefeiert, die Pools blinken wintermüde. Hier oben ist man angekommen. Wenn Frau Schönberger Menschen sehen möchte, muss sie Auto fahren, wenn Menschen sie besuchen wollen, müssen sie Auto fahren, alle müssen Auto fahren, nachdem die Autoindustrie das Netz der öffentlichen Verkehrsmittel demontiert hat. Alle fahren Auto, das ist nichts Neues, aber heute fragt man sich: Und dann? Wenn die Welt leergetrunken ist? Frau Schönberger hat die Gelassenheit einer Überlebenden, sie weiß, wie schnell hier alles vorbei ist. Nicole Kidman dreht heute umsonst, was macht eigentlich Renée Zellweger? Was Holly Hunter, Calista Flockhart, Lucie Liu? Wo sind die alle? Was machen die jetzt? Daryl

Hanna dreht nicht, sie geht shoppen, es brauchte eine Viertelstunde, bis mir ihr Name einfiel, neulich, bei Barneys, und Herr Henckel von Donnersmarck dreht vermutlich so schnell nicht mehr. Ich sitze am Kaminfeuer einer Frau, die ich kaum kenne, und denke, so ist das also, dieses: sich neue Freunde schaffen, in einem Land, in dem keiner auf dich wartet, viele Stunden in Fremdheit, ehe es vielleicht zu einer Entspannung kommt. So wird das sein, in der Hälfte des Lebens. Zum ersten Mal frage ich mich flüchtig, was ich in meinem Haus in LA eigentlich machen werde. Und warum.

Frau Schönberger hat kein Heimweh. Alle deutschsprachigen Regisseure, Musiker, Schauspieler waren hier an ihrem Pool. Viele waren gekommen, um Amerika mal beizubringen, wie man künstlerische Arthouse-Movies macht. Die wenigsten sind heute noch hier. Frau Schönberger ist geblieben. Sie hat es geschafft. Und so sieht das dann aus, hier oben, auf dem Gipfel der Welt, schön. Ja, sicher. Sehr schön.

Zu Hause bei Jonathan Pylybchuk. Jonathan Pylybchuk ist Künstler, im Vergleich zu vielen Künstlern, die in Bars arbeiten, hat er es in die Saatchi Gallery geschafft, seine Skulpturen werden überall auf der Welt gezeigt, seine Preise gingen nach oben, bis der Kapitalismus sich anders entschieden hat, die Galerie Fehler machte, der launische Markt der zeitgenössischen Kunst eine andere Richtung einschlug. Ein normales Leben in Los Angeles. Zwei Kinder, eine Gattin, ein kleines Haus in einer ordentlichen Gegend, bar bezahlt, ein paar Freunde und weite Wege. Eigentlich auch alles, wie ich es von zu Hause kenne, nur mit besserem Wetter und größeren Distanzen. Dass wir in der Schweiz und in Deutschland gewohnt waren, wenig Angst zu haben, ist ein Ausnahmefall. Der Rest der Welt hat ganz andere Probleme, die des täglichen Überlebens zum Beispiel, oder die eines Krieges, einer Militärdiktatur oder der kompletten Unterdrückung von Frauen und Randgruppen. Wir hatten uns also an etwas gewöhnt, was im Kapitalismus in seiner ursprünglichen Form nicht vorgesehen war. Im Internet lese ich einen Artikel von Eugen Ruge, der das Unsichere unserer Zeit beklagt. Vollkommen richtig, auf den ersten Blick. Die Inflation hat seine Ersparnisse wertlos gemacht, Mieter in Großstädten sind bedroht von ausländischen Anlegern, jeder versucht schnell irgendwo in einer annehmbaren europäischen Stadt Betongold zu kaufen, ja, das sind Sorgen, und ich teile sie, aber wenn ich am Tisch meines kanadischen Freundes, der nun bald Amerikaner wird, von einem Sozialstaat rede, blicke ich in leere Augen. Amerika ist immer noch das Land, in dem alles möglich scheint, aber vieles unmöglich ist, zum Beispiel wenn man krank wird, den Job verliert oder wenn die Kunst mal nicht gefragt ist, weil man sich nicht gut genug verkaufen kann.

Zu Hause bei Mark Lee. Der Architekt, ein Schüler von Pierre König, ist ein anderes Beispiel für den amerikanischen Traum. Als Jugendlicher war er von seinen Eltern aus Hongkong geschickt worden, hat sich durchgeschlagen, studiert, und heute lebt er mit seiner Frau und der Tochter in einem Wohnturm aus den 60er Jahren, mit Glas-Lift über dem Ozean. Als die Krise kam, organisierte er sich schnell um, lehrte in Zürich und Berlin, baute in Europa, verbrachte den halben Monat im Jetlag, aber er überlebte gut. Jetzt baut er gerade an einem Neubau auf dem Grundstück Marc Fosters, hat die meisten seiner 16 Angestellten wieder unter Vertrag, und vor seiner Wohnung liegt immer noch, von allen Krisen unberührt, der Ozean. Schöne Welt der Künstler, Designer und all jener, die sich in Formen retten. Wir reden über Dänisches Design, Schweizer Baufehler, über Rick Owens Jugend, und zeigen uns Dinge auf dem Mac, die wir kennen. Mark Lees Wohnung sieht aus wie alle Wohnungen von »Freunden von Freunden« und könnte überall auf der Welt befindlich sein, in den immer gleichen Räumen, die dem Vielflieger, Selbstausbeuter, Freischaffenden eine Kirche der Formensprache ist, ein Ort der Sicherheit. Apropos Kirche …

Sonntagsbrunch bei Scientology. Gastgeber der berühmte Drehbuchautor Eric Sherman, der zu Spitzenzeiten als zweiter Assistent in diversen Filmen mitgearbeitet hat. Die Celebration Hall ist nur eines der vermutlich zehn gigantischen Gebäude der Kirche im Stadtraum Los Angeles. Bienenfleißig haben die Mitglieder ein stattliches Real Estate-Imperium aufgebaut. Kaum betrete ich das Gelände, auf dem ein überdimensionales schottisch-drusisches Pappmachéschloss steht, kommt auch schon ein Sicherheitsmann auf dem Fahrrad und fragt mich mit einem Steinerschulen-Lächeln nach meinen Wünschen. In der Empfangshalle sitzt ein kleines Mädchen an einem weißen Flügel. Die Brunch-Gemeinschaft hat sich in einem der Banketträume versammelt, es gibt Büfett, man kennt sich, und wenn nicht, wird man in Ruhe gelassen. Eric läuft herum; wenn man wissen möchte, wie man es zum zweiten Assistenten bringt, ist jetzt die Gelegenheit. Keiner fragt mich etwas, alle lächeln, alle kennen sich, und wenn nicht: Hier ist die beste Gelegenheit. Nichts ist von einer bösen Sekte zu spüren, das kommt vielleicht erst später – oder nie, weil man es nicht merkt. Alles, was Ron Hubbert in einer wachen Minute zwischen seinen Phantasy-Romanen entwarf, passt so gut in die Stadt. Erfolg ist machbar, dein Leben ist machbar, alles jetzt, schnell, du kannst es, du schaffst es, und wenn nicht, wir sind für dich da.

Als ich den Brunch verlasse, weist mich eine freundliche Dame auf das kostenlose Silvesterkonzert mit Chick Corea hin. Da würde ich dann schon ein paar Leute kennen, Eric Sherman zum Beispiel, und könnte ihnen zunicken.

3. Woche: Fast wie zu Hause

Ich war mit Bob, dem Real-Estate-Makler, in meinem Haus am Laurel Canyon, ein paar Schritt vom kleinen Supermarkt entfernt. Auf der anderen Seite des Hügels das Viertel der Juden, die früher nicht in Pacific Palisade leben konnten, heute leben am Ventura Boulevard die Israelis, und alle treffen sich bei Arti zum Mittagessen. Seit den fünfziger Jahren unverändert, gefillte Fish und Matzeballsuppe.

Mein Haus ist gut gelegen, rot gestrichen im Stil finnisch-rumänischer Ferienhäuser, aber warum wackelt nur alles? Und warum baut die führende Nation der Welt solche Schrotthäuser, die beim ersten Windstoß umfallen? Bob spricht von good value, er lobt meinen vorzüglichen Geschmack, er meint es sicher ehrlich. Ich sehe mich auf dem Holzboden meines Hauses sitzen, große Schatten an der Wand, meine Beine von diesen fetten Eichhörnchen angenagt, die hier dreist herumhocken. I need a bit more time, sage ich zu Bob. Ich muss mehr kaufen, um mir über meine Gefühle klar zu werden, weil man hier kaufen muss, weil es zu den guten Momenten gehört zu kaufen, weil alle kaufen, um zu fühlen, dass sie in Amerika sind, und auch weil es sonst nicht so viel zu tun gibt, was man nicht schon tausendmal getan hat. Man kann im Viper Room sein und Rockkonzerte anhören, oder in eines der vielen Theater gehen, wo irgendein Ex-Filmstar versucht, seine Karriere auf der Bühne wieder in Schwung zu bekommen, man kann in ein Kino gehen, macht man aber meist alles nicht, weil es gerade einen Parkplatz vor dem Haus hatte. Um alles anders zu machen, neu zu machen, unternehme ich seltsame Ausflüge. Sachen, die mir zu Hause nie einfielen. Ich gehe ins Marionettentheater …

Bob Baker, Puppenspieler seit 800 Jahren, lässt irgendwo in den Suburbs studentische Hilfskräfte hässliche Marionetten zu Konservenmusik sich schlecht bewegen.

Ich gehe ins Upright Citizens Brigade Theatre, das absolut heiße Comedy-Ding der Stadt. Jeden Abend stehen lange Reihen junger Menschen, um in eine der stündlichen Shows zu kommen. Neben mir ein hysterischer Nerd, der keinen Sex hat, dafür aber umso lauter über flache Mario-Barth-Style-Witze lacht und die Arme dabei in die Luft reißt. Ich besichtige den Jumbos Clown Room. Eine legendäre Einrichtung, die den Traum von LA wunderbar zusammenfasst. Seit die Frau eines berühmten Rockmusikers hier gestrippt hat, war der Laden die heiße Adresse für Musiker, Künstler. Die Frauen, die hier arbeiteten, konnten sich sagen, dass sie Teil des Showbusiness waren, aber am Ende waren sie doch nur nackt. Heute hängt hier immer noch der Rauch vergangener Zeiten, es ist dunkel, puffig, und eine Erregung stellt sich nicht ein. Fast vermute ich, dass es hier genauso viel Scheiße gibt wie zu Hause, dass sie einfach nur besser beworben wird. Ich besichtige Viertel, die kaum je ein touristischer Fuß betrat. Plötzlich sind all die

Dschungelgewächse verschwunden, das überbordende Grün Hollywoods und seiner reichen Gemeinden, keine Bewässerungssysteme lassen den Boden trocken und gelb strahlen, Maschendrahtzäune und keine Cafés. Keine Läden. Willkommen in Compton. Eine der gefährlichsten Städte der Vereinigten Staaten. Die Mordrate liegt hier ein Achtfaches über dem Landesdurchschnitt. Im Jahr 2010 gab es hier ungefähr (manchmal fällt das Nachzählen schwer, wenn man zum Beispiel gerade den Compton Boulevard entlangfährt, schön langsam, dass einen die in seltsamen Gruppen herumstehenden jungen Männer auch genau beobachten können) 65 Morde, 40 Vergewaltigungen, 474 Raubüberfälle, 1157 tätliche Angriffe auf Personen, 638 Einbrüche, 971 Diebstähle, 1006 Autodiebstähle und 91 Brandstiftungen. Ein paar Kilometer von den Hügeln entfernt eine hübsche andere Welt, die den Kapitalismus auf eigne Art weitererzählt. Mich beachtet keiner. Vermutlich interessieren sich die Leute hier nicht für Damen, die alleine in Schrottwagen durch ihr Viertel fahren. Keine eleganten japanischen Restaurants, hier wird gegessen, was Beine hat, Burger für 3 Dollar, Kübel voller Chicken Wings, Fetttaschen, Fleischzungen, viel Fettteig, heiß, alles in sich stopfen, um wenigstens so Teil der Traumfabrik Amerika zu sein. Ein hervorragender Platz für Feuer in Tonnen, ein wunderbarer Ort, um nicht auszusteigen und schnell zurück in das Los Angeles zu fahren, das ich immer meinte, wenn ich Los Angeles meinte. Da oben, in den Hügeln, um die Melrose zum Meer hinunter, wohnt nur ein Bruchteil jener, die 13 Millionen im Großraum Los Angeles ausmachen. Mir kommen Zweifel, die ich noch nicht klar benennen kann.

Mein Haus ist noch da. Ich sitze abends manchmal auf der Veranda und höre seltsamen Tieren zu, Second-Life-Tieren. In einer Second-Life-Welt, die nur real ist, wenn man sich ausgiebig an sie gewöhnt hat. Die Amerikaner gibt es nicht. Es sind einfach die Mutigen oder Verzweifelten, die Gierigen oder Trostlosen von überallher, die diese im Umgang freundliche Masse bilden, die meistens lächelt. Die gesundheitsbewusst und übergewichtig zugleich ist, die gnadenlos ist und wieder rührend in der Anteilnahme. Die kitschig nationalistisch ist, aber damit nur sich selber und den eigenen Mut befeuert. Die alle, auch Frauen mit: Hey guys how u doing ansprechen, richtig verschiedene Sprachen werden hier gesprochen, ich wusste nicht, dass es so viele gibt. 4567 Fernsehprogramme, in denen man die feiert, die es geschafft haben, und auslacht, die abstürzen, hysterisch, froh, dass es einen selber nicht erwischt hat. Los Angeles, die Stadt der Einsamen, in Straßen, in denen kaum einer läuft, die Menschen da, die einsamen, die von Sekten und Religionen eingefangen werden. Auf großen Billbords wirbt ein farbiger Soldat um den Eintritt bei den Marines. Is a commitment, im Radio betteln 8 Millionen Radiosender in 69minütigen Werbeblocks um Käufer. Die besten Momente meines Lebens waren gekauft, sagte René Pollesch, die Menschen hier müssen glücklich sein, wir alle wollen Amerika sein. Kaufen, außer dem Kaufen macht uns kaum mehr etwas ein Gefühl, es gibt auch wenig, was noch ohne Geld erhältlich ist. Ich kaufe eine Duftkerze, weil alle hier Duftkerzen kaufen, ständig und überall in den beschissensten Orten brennen Duftkerzen, und Rob, mein Duftkerzenverkäufer sagt: Oh, eine gute Wahl, das sind auch meine absoluten Favoriten. Mann, Rob, möchte ich sagen, lüg doch nicht, und ich merke, mir fehlen ein paar Jahrzehnte gute amerikanische Erziehung, ich bin so furchtbar europäisch unhöflich und schlechtgelaunt. Gute PR. Das ist, woran ich mich gewöhnen muss: ans Schreien, Sich-Bewerben und ans Ertragen, dass sich alle bewerben. Nonstop, auf allen Kanälen. Produktwerbung inmitten irgendwelcher Frühstückshows, Stars in den dämlichsten Sendungen, die Sackhüpfen und rote Rudolph-Nasen tragen, Verzweiflung und keine Scham. Sich zu verkaufen ist hier keinem peinlich, es gehört dazu, zum Erperergeist, der steckt in den Genen. Die USA – das Land, das keinen braucht, keinen, der es nötig hätte, unterstützt, aber alle machen lässt. Solange sie die Hunde an die Leine nehmen und sich auch sonst an die ungefähr fünf Millionen Verbote halten, die dreihundertvierzehn Millionen im Zaum halten. Vier Amokläufe in der Amtszeit Obamas. Über zwanzig tote Kinder. (Gerade als ich das schreibe, läuft die Werbung eines Marktes, die halbautomatische Sturmgewehre zum Sonderpreis anbietet.)

Ich besuche ein Altersheim, denn da werde ich irgendwann landen, Hollywood Royale Gardens liegt optimal zwischen Autobahn und vierspuriger Hauptstraße. Vor der weiß gefliesten Eingangshalle sprudelt ein Brunnen gelbes Wasser, vielleicht ist es ein Schokoladenbrunnen? Ich will nicht mit der Heimleitung sprechen, nein, danke, nur ein wenig schauen, wie dort Ruth unter einem Gemälde sitzt,

das Rauschen der Autobahn nicht mehr hörend. Ein richtig tolles Heim mit Garten war für die, die hier in ihren Rollstühlen sitzen, nicht drin, unterer Mittelstand, das wäre mein Platz. Eine Neonröhre flackert, das Licht ein wenig gelb, ich sitze vor dem Haus, das ich nun bald kaufen muss, um noch einmal ein neues Leben zu beginnen. Die Welt will Amerika sein. Sie wird es bald geschafft haben, falls uns nicht ein paar Hochwasser durch die Polarschmelzen dazwischenkommen. Ich sitze auf der Terrasse, es wird nicht dunkel, nie wird es dunkel hier in dieser Stadt, in der ich jetzt vermutlich wohnen werde, um mir zu beweisen, dass ich noch nicht zu alt bin, um etwas Verrücktes zu machen, ich sehe in den Himmel und frage mich, ob man zu Hause gerade denselben sieht, oder ob er noch ein wenig freundlicher leuchtet.

P. S.

Herr Donnersmarck ist nach Deutschland zurückgekehrt.

P. S. 2

Eine 2013 veröffentlichte Statistik hat ergeben, dass 31,4 % aller Obdachlosen in Los Angeles drogensüchtig sind, 30,2 % leiden unter psychischen Erkrankungen und 18,2 % sind körperlich behindert. Grundsätzlich sind 68,2 % aller Obdachlosen männlich, 38 % Afroamerikaner, 37 % Weiße, 28 % Hispanoamerikaner und 57,6 % sind zwischen 25 und 54 Jahre alt. Schätzungen zufolge gab es im Jahr 2015 44 000 Obdachlose in Los Angeles.

Mein Leben als Hund

Bangladesch, 24. März 1994

Parul liegt am Boden. Der Boden ist warm. Der Himmel ist dunkel, nur ein helles Licht ist zu sehen. Parul schaut das Licht an. Sie würde gerne schlafen. Doch sie sieht ihr Leben. Jeden Moment davon. Und kann nicht schlafen, darum. In jener Nacht.

Manche glauben an Reinkarnation, manche an Schicksal, andere denken einfach, dass das Leben ein ungerechter Scheißdreck ist. Vielleicht ist das so. Es hat niemand etwas anderes versprochen. Warum Parul in Barisal geboren wurde, in Bangladesh, in einer kleinen, stickigen Hütte, weiß keiner. Aber sie hatte vom ersten Atemzug an miese Karten gezogen. In einem der ärmsten Länder der Welt. Das überschwemmt wird, verwüstet von Stürmen, ausgebeutet von einer korrupten Regierung. Was konnte sie dazu? Die Eltern schauten Parul nach ihrer Geburt kurz an. Danach hatten sie sie wie vergessen. Parul war nur ein Mädchen.

Ein Mädchen kann mit sieben Jahren auf dem Feld und im Haushalt helfen, es kann die Geschwister versorgen, aber spätestens mit 13, 14 wird es verheiratet und nutzt nichts mehr.

In dem Dorf, in dem Parul aufwuchs, war die Welt noch in Ordnung. Die Eltern arbeiteten auf den Reisfeldern eines Bauern. Die Familie, sieben Kinder, die Eltern des Vaters und Mutter und Vater lebten in einer Hütte, die 20 Quadratmeter groß war. Die Mutter war eine ängstliche Frau, die ihrer Tochter weitergab, was ihr beigebracht wurde: Ein Mensch zweiter Klasse zu sein. So war es für Parul normal, dass Frauen nach den Männern aßen, wenn noch etwas übrig war, dass sie härter arbeiteten und keine Rechte hatten, dass Frauen zu Tode geprügelt oder gesteinigt wurden, dass sie aus dem Dorf verstoßen wurden, was den sicheren Tod bedeutete, wenn sie sich den Männern widersetzten. Als Achtjährige hatte Parul gesehen, wie eine Frau zu Tode gesteinigt wurde. Der Imam, der Vorbeter des Ortes, hatte die Frau verurteilt. Sie hatte einen verheirateten Mann verführt. Obwohl die Frau beteuerte, dass der Mann sie vergewaltigt hatte, glaubte ihr keiner. Im Namen Allahs wurde sie gerichtet. Ob Allah davon wusste, ist unklar.

Paruls Kindheit, in der sie nie gespielt hatte, endete bald. An ihrem dreizehnten Geburtstag wurde Parul mit einem zehn Jahre älteren Mann verheiratet, den sie nie zuvor gesehen hatte. Es ging schnell. Sie wurde zu dem Mann geführt, es wurde etwas gegessen, und in der Nacht erlebte sie in sechs Sekunden ihren ersten Geschlechtsverkehr. Am nächsten Tag kam die Flut und vernichtete das ganze Dorf. Nachdem das Wasser etwas zurückgegangen war, da, wo zuvor die Hütten gestanden hatten, ein träger, breiter Fluss. Die Eltern waren alt. Sie würden vielleicht durchkommen. Doch dazu mussten die Kinder irgendwo Geld auftreiben, und auf dem Land gab es keine Arbeit mehr, weil es das Land nicht mehr gab. Parul ging mit ihrem Mann in die Stadt.

Parul stand sechs Stunden in dem Zug, eingeklemmt zwischen Menschen, Tieren und Bündeln. Sie roch den Schweiß der anderen, spürte die feuchten Körper der anderen, doch das störte sie nicht. Menschen war sie gewöhnt, denn Bangladesch ist eines der bevölkertsten Länder der Welt. Auf einer Fläche, die wesentlich kleiner ist als die der Bundesrepublik, leben 120 Millionen Menschen.

In den Gesichtern der Reisenden stand eine Mischung aus Angst vor der großen Stadt und Hoffnung. Alle hatten von

Dhaka gehört. Von Reichtum und Wundern. Auch Parul träumte, aber sie wusste gar nicht genau, von was.

Der Mann, den Parul geheiratet hatte, redete während der ganzen Fahrt kein Wort mit ihr. Der Mann gefiel Parul nicht, aber Männer waren auch nicht zum Gefallen da. Männer waren da, damit eine Frau leben durfte. Nach einer Ewigkeit kamen sie an. Am Bahnhof brannten Feuer, und viele Menschen schliefen zwischen den Gleisen und an der Straße. Schmutzige Menschen, manche waren nackt. Parul kam aus einem armen Dorf, doch schmutzige, nackte Menschen hatte sie noch nie gesehen. Menschen, die in Müllhaufen nach Nahrung suchten, auf die andere gerade uriniert hatten, hatte sie noch nie gesehen. Es war stickig und heiß, es war laut und widerlich. Parul hatte Angst. Weil es schon dunkel war, und beide nicht wussten wohin, weil sie niemanden kannten und die Stadt bedrohlich wirkte, weil sie kein Geld mehr hatten, legten sich Parul und ihr Mann auch vor den Bahnhof. Auf einen Plastikbeutel legten sie sich, Parul neben dem fremden Mann, der ihrer war, einen Meter entfernt von fremden Menschen, die nicht gut rochen und wirkten, als seien sie schon lange hier. Als Parul einen Platz zum Austreten suchte, lief eine ältere Frau hinter ihr her: Pass auf, sagte sie, du darfst hier nicht alleine herumlaufen. Sie kommen und fangen dich weg. Wer kommt, fragte Parul. Die Polizei, oder welche von den Banden. Sie fangen Frauen vom Bahnhof, junge, wie dich, und dann musst du es für sie tun. Was tun, fragte Parul. Die andere Frau schüttelte den Kopf über des Mädchens Dummheit, blieb aber neben ihr, bis sie fertig war.

Parul war dumm, alle um sie waren dumm. Nicht dass sie ein kleines Gehirn gehabt hätten, aber es war nie benutzt worden, das Gehirn. Zum Lernen nicht, zum Denken nicht, denn dafür waren die weisen Männer da. In der Nacht dachte Parul an Allah. Und dass er ihr nicht helfen würde, weil er doch ein Mann war. In dieser Nacht schlief Parul sehr schlecht, doch morgen, dachte sie, morgen würde alles besser werden. Am nächsten Morgen ging ihr Mann Arbeit suchen. Parul blieb den ganzen Tag neben ihren Bündeln sitzen. Sie wagte es nicht, zu urinieren, sich Wasser zu besorgen. Sie hatte den Blick gesenkt und wartete. Am Abend kehrte ihr Mann, sein Name war Panu, ohne Arbeit zurück. Er konnte weder lesen noch schreiben, und solche wie ihn gab es in Dhaka genug. Millionen lebten in der Hauptstadt auf der Straße oder in Slums. Die Stadt hatte wirklich nicht auf Parul und ihren Mann gewartet. So übernachteten sie sieben Wochen vor dem Bahnhof, Panu war den ganzen Tag unterwegs, Parul saß am Bahnhof, und es waren, so schien ihr, die schrecklichsten Tage ihres Lebens. Als Parul ihren Mann irgendwann fragte, wann sie denn weggingen, schlug er sie das erste Mal. Er schlug sie mit den Fäusten ins Gesicht, in den Bauch. Die anderen um sie herum schauten zu und lachten. Parul gewöhnte sich an zu schweigen.

Nach sieben Wochen hatte ihr Mann einen Job gefunden. Für sie. Ziegelsteine kleinschlagen zu Split, für den Straßenbau. Sie würde am Tag umgerechnet einen Euro verdienen, und damit könnten sie sich einen Platz im Slum leisten. Sie packten ihre Sachen und gingen los. Jetzt wird alles gut, dachte Parul. Gleich um die Ecke des Bahnhofs begann der Slum und schien nicht zu enden. Es war der erste Slum, den Parul sah. So furchtbar hatte sie es sich nicht vorgestellt. Auf einer alten Müllkippe waren Tausende kleiner Hütten aufgebaut. Aus Plastik und Jutesäcken, jede nur etwas größer als eine Hundehütte. Gleich neben den Hütten lag der Unrat. Der schlechte Geruch lag wie eine zu dicke Decke über dem Slum. Die Menschen, die aussahen wie Wilde oder Geisteskranke, musterten Parul feindlich. Parul begann zu weinen. Ihr Mann gab ihr ein paar Ohrfeigen, packte sie und zerrte sie zwischen den Hütten durch den Müll, durch Abfälle, durch Urin. Nackte schmutzige Kinder rannten neben ihnen her und warfen mit Steinen. Obwohl Parul Angst vor ihrem Mann hatte, weinte sie. Sie konnte einfach nicht aufhören. Ihr Mann wies auf einen Platz, der zwei Meter lang und anderthalb Meter breit war. Müll lag darauf. Mach das sauber, sagte er und verschwand. Parul schob mit ihren Händen verfaulte Essensreste und Kot zur Seite. Als Panu zurückkam, hatte er einen alten blauen Sack dabei und ein paar Balken. Daraus baute er eine Hütte. Von da an lebten sie in dem Slum. Jeden Morgen setzte sich Parul an die Straße auf einen Haufen Steine, die sie zerklopfte. Der Staub in der Lunge, gemischt mit den Abgasen, der Lärm und die Hitze machten, dass Parul abends fast ohnmächtig war, danach musste sie noch für ihren Mann kochen, der nach wie vor in der Stadt nach Arbeit suchte. Manchmal fand er für einen Tag einen Job auf der Baustelle. Sie aßen Reis. Und an guten Tagen etwas Gemüse dazu. Paruls Bauch wurde dick, und sie bekam ihr erstes Kind. Ein Mädchen. Parul entband es in der Hütte. Nie hatte sie solche Schmerzen erlebt. Und nie solche Einsamkeit. Sie freute sich nicht, das schmutzige Kind im Arm zu halten. Es war ihr fremd. Ihr Mann schlug sie, als er in die Hütte kam, weil es nur ein Mädchen war. Am nächsten Tag ging Parul mit dem Säugling auf den Steinhaufen arbeiten. Und mit den Monaten gewöhnte sie sich an dieses Leben, das eigentlich kaum eines war. Täglich prügelten sich die Frauen im Slum, wegen der Kinder, wegen der Ohnmacht, weil sie so wütend waren und doch gar nicht wussten, auf wen. Täglich prügelten die Männer die Frauen, weil sie so wütend waren, weil sie fühlten, dass irgendetwas nicht stimmte mit ihrem Leben.

Die Frauen hatten keine Angst vor den Schlägen, sie hatten nur Angst, krank zu werden. Wenn eine Frau sehr krank war und ins Krankenhaus musste, suchte sich der Mann in dieser Zeit oft eine neue Frau. Aber auch ohne das war es schlimm genug krank zu sein. Denn wer einmal lag, kam selten wieder hoch. Der Körper wurde von Müdigkeit wie gelähmt, es gab keinen Grund für den Körper, wieder aufzustehen. Die Frauen in den Slums waren oft krank. Sie versuchten, es sich nicht anmerken zu lassen. Sie lebten im Dreck. Im Schlamm, wenn der Monsun kam, schliefen am Boden, sie entzündeten sich den Unterleib, sie bekamen Krätze, Tuberkulose, offene Stellen, sie starben meistens, bevor sie 40 waren. Die Männer lebten länger, denn ihr Leben ist nicht so hart.

Parul war nicht krank. Ein bisschen vielleicht, denn alles tat ihr weh, der Körper, das Herz, und sie war so traurig. Nur nicht denken, nicht innehalten. Arbeiten, essen, schlafen, nicht stillhalten, denn dann können die Gefühle kommen. Warum, dachte Parul, warum bin ich nur eine Frau. Eine Frau ist ein Hund, in Bangladesch. Der Islam von Männern ausgelegt macht das, die Unwissenheit macht das. Frauen werden zu Tode geprügelt, mit Säure entstellt, Frauen werden verstoßen, und das ist meistens ihr Todesurteil, denn eine Frau ohne Mann ist nichts mehr wert. Man kann sie entführen, vergewaltigen, töten, keinen schert das. Die Regierung unterstützt die Rechtlosigkeit der Frauen. Die Regierung besteht aus Männern.

Parul wusste nicht, wie es ist, Zeit für sich zu haben, mit jemandem zu reden, sich auszuruhen. Was sie kannte, war die Müdigkeit und ein Gefühl, das ihr die Kehle zuschnürte. Es war vielleicht eine Krankheit. Sie lebten nun schon ein Jahr auf der Müllkippe. Als der Regen kam, wie jeden Sommer, wurde der Slum zu einem großen Schlammbecken. Die Hütte stand unter Wasser. Paruls Mann baute aus Kisten ein Bett. Darunter gluckerte das dreckige Wasser, schwammen Ratten, wenige Zentimeter von Paruls Körper. Sie war schon wieder schwanger. Und sie hatte Angst, denn sie schaffte die Arbeit schon jetzt kaum, mit einem Kind. Sie war doch erst 15.

Ihr Mann wollte jede Nacht mit ihr schlafen. Parul wurde

ängstlich, wenn die Nacht kam, mit den Geräuschen, aus den Hütten, die machten, dass ihr übel wurde. Man hörte Schläge und das Stöhnen der Männer in der Nacht, das Parul so gut von ihrem Mann kannte. Er hatte sie noch nie gestreichelt, ihr Mann. Er drang in sie, manchmal schlug er sie dabei, und immer tat es weh. Die meisten Frauen im Slum bekamen ungefähr sieben Kinder. Meist starben davon drei.

Parul saß inzwischen mit zwei Kindern auf dem Ziegelhaufen. Das letzte Kind war zum Glück ein Sohn geworden. So etwas wie Windeln, Babypuder, Wiegen, Spielzeug gab es nicht im Slum. Parul schrubbte die Kinder mit kaltem Wasser am Brunnen. Manchmal so sehr, dass die Kinder zu schreien begannen, doch Parul konnte gar nicht aufhören, das dreckige Leben von ihnen abzuschrubben. Einen Brunnen hatte es im Slum für ungefähr 10 000 Menschen. Jeden Morgen weckte die Sonne Parul gegen fünf, denn wenn die Sonne kam, war es nicht möglich weiterzuschlafen, die Hitze und der Gestank nach Moder, verfaultem Fleisch, Urin, Kot und schmutzigem Menschen wurden dann unerträglich,.

Parul hoffte jeden Morgen, dass die Kinder nicht zu schreien begannen, denn dann würde Panu geweckt und böse. Parul ging sich waschen und Wasser holen. Danach begann sie Müll und alte Fetzen von Kunststofffasern zu entzünden, um Reis zu kochen. Sie fütterte und wusch die Kinder und ging dann mit ihnen zum Steinhaufen. Neun bis zehn Stunden saß sie da, vor ihr donnerte der Verkehr, und bereits nach einer Stunde hörte sie nur noch das dumpfe Geräusch vom Zerklopfen der Steine, und ihr Körper war bedeckt von rotem Staub. Ihre Kinder waren sehr ruhig, als wüssten sie, dass es sich nicht lohnt, gegen ihr Schicksal anzuschreien. Drei Jahre später, das dritte Kind war geboren, eines gestorben, in einer sehr kalten Winternacht, kam ihr Mann mit guten Neuigkeiten nach Hause. Ein Vetter von ihm wohnte in einem besseren Slum, und er half ihm bei der Beschaffung einer Fahrradrikscha, mit der er arbeiten könnte, um den Platz im neuen Slum zu bezahlen. Der Slum hatte richtige Strohhütten und lag weiter weg von der Straße. Und vielleicht könnte Parul sogar Arbeit in einer Fabrik finden. In dieser Nacht war Parul fast glücklich.

Am nächsten Tag kam es zu einem Streit mit der Nachbarin. Worum der ging, war egal. Der Slum machte die Menschen gereizt. Die Nachbarin griff Parul an und verprügelte sie. Dabei brach sie Parul zwei Rippen und die Nase, und Parul fand sich ohnmächtig am Boden wieder, als ihr Mann zurückkam. Er drehte sie mit dem Fuß um und sah sie an wie ein Stück totes Vieh. Er sagte, wenn du morgen nicht mitkommen kannst, bleibst du hier. Da spürte Parul das erste Mal Hass auf ihren Mann. Nie hatte Parul mit ihm über irgendwas geredet, das nicht mit der Organisation des Lebens zu tun hatte. Wozu auch reden. *Er* war doch ein Mann. In jener Nacht wimmerte Parul vor Angst. Und als ihr Mann am nächsten Morgen die Sachen packte, riss sie sich zusammen. Schweigend ging sie hinter Panu durch Dhaka. Parul sah Dkaka zum ersten Mal. Sie war noch nie herausgekommen aus dem Slum. Sie lief mit dem Gepäck, dem schmerzenden Körper und den Kindern an hohen Häusern vorbei, an Cafés, aber auch an Menschen, die noch schlimmer dran waren als sie. Am Straßenrand, verrückt geworden, als ob das Gehirn irgendwann aufhören würde zu arbeiten, weil es die Erniedrigung nicht mehr erträgt.

Sie kamen an einem Hotel vorbei, und Parul stand kurz und schaute auf den Eingang. So etwas hatte sie noch nie gesehen. So etwas Schönes. Panu zerrte Parul weiter. Weg aus dem kurzen Moment des Traums. Die Realität war wieder da, und sie war heiß und staubig. Sie liefen drei Stunden und kamen dann zu einem Abwassertümpel. An dessen anderem Ufer lag ihre neue Heimat. Der Slum befand sich direkt neben dem Viertel, in dem die Reichen wohnten. Sie waren durch Straßen gekommen, die von Bäumen gesäumt waren, hinter hohen Toren hatte Parul große Villen gesehen und Vögel singen gehört. Doch nun fuhr sie mit einem Boot über einen Abwassersee zu ihrem neuen Heim. Wahrscheinlich dem, in dem sie sterben würde, dachte Parul kurz, und sie kannte sich heute selbst nicht wieder. Soviel dachte sie sonst nie, vielleicht machte der Schmerz der gebrochenen Rippen sie benommen.

Der neue Slum war eng und heiß. Dunkle Gassen aus Schlamm führten durch dichtbebaute Hüttenreihen. Ihre Hütte war ungefähr 8 Quadratmeter groß und hatte einen festgestampften Boden aus Erde. Parul vergaß die weiße Frau, das Hotel und schaute sich in ihrem neuen Zuhause um. Vielleicht würde nun doch alles besser werden.

Parul war 25 geworden und hatte vier Kinder. Die älteste Tochter versorgte die Kleinen und ging putzen, sie war ja schon sieben. Parul hatte Arbeit in der Fabrik gefunden. Jeden Morgen um fünf lief sie los, um eine Stunde später in einer großen Halle anzugelangen. Dort war es drückend heiß, ungefähr 500 saßen an Nähmaschinen. Parul nähte Taschen auf Hosen. Die Arbeit war besser als das Steinklopfen, aber Parul hatte jeden Tag Angst. Dass der Aufseher sie vergewaltigte, wie es am Anfang zweimal geschehen war. Oder ein Arbeiter sie verprügelte. Manchmal wurde Parul einfach nicht bezahlt für ihre Arbeit. Ein anderes Mal wurde die Fabriktür verriegelt und sie mussten die ganze Nacht durcharbeiten. Dann wurde sie am nächsten Tag von ihrem Mann geprügelt. Parul arbeitete bis 10 Uhr in der Nacht und danach lief sie durch die Dunkelheit nach Hause. Allmählich musste sie wenigstens keine Angst mehr haben, vergewaltigt zu werden, denn sie sah schon aus wie eine alte Frau. Zu Hause kochte sie für die Familie. Ihr Mann war den ganzen Tag Fahrradrikscha gefahren, durch den Dreck und die Abgase, und er wurde immer bösartiger. Manchmal, wenn Parul eine Minute für sich hatte, auf dem Weg in die

Fabrik, dachte sie über ihr Leben nach. Die Gedanken machten sie traurig. So traurig, dass sie kaum mehr Luft bekam. Und sie wünschte sich zu schlafen, um die Trauer nicht so zu spüren.

An jenem Abend kam Parul früher nach Hause, weil ihre Nähmaschine ausgefallen war. In ihrer Hütte war eine junge Frau am Kochen. Sie sagte, sie sei Panus neue Frau. Parul hockte sich vor die Hütte und wartete auf ihren Mann. Als der kam, sagte er, Parul solle gehen, er habe jetzt eine neue Frau. Da fing Parul an zu schreien. Sie schrie für jedes Jahr ihres Lebens, und sie hörte auch nicht auf, als ihr Mann sie zu schlagen begann. Sie fiel zu Boden. Er trat sie. In den Bauch, auf den Kopf, und Parul hörte, wie Dinge in ihr kaputtgingen. Wie ein Bündel Unrat ließ ihr Mann sie vor der Hütte liegen. Die Nacht kam.

Parul schaut in den Himmel. Da sind Sterne. Und ein helles Licht. Vielleicht gibt es ja doch Gerechtigkeit. Denn so kann doch kein Leben enden, denkt Parul. Das Licht kommt näher, scheint ihr, und sie beginnt zu lächeln, das Licht, und sie ist so müde und endlich wird sie schlafen. Parul schließt ihre Augen.

P. S.

Rund 60 % der verheirateten Frauen in Bangladesch geben an, dass sie durch ihre Ehemänner oder andere angeheiratete Verwandte Gewalt erleiden mussten. Das 1960 beschlossene Gesetz zum Schutz der Frau vor Gewalt wurde 1983 erneuert, ohne dass es die Lage der Frauen wesentlich verbessert hätte. Vergewaltigung, Körperverletzung und sogar Totschlag von Frauen sind in Bangladesch alltäglich. Das dort geltende Heirats-, Trennungs- und Scheidungsrecht hat für Frauen und Mädchen zur Konsequenz, dass sie aus Ehen mit gewalttätigen Partnern nicht entkommen können. Wenn Beziehungen zer-

brechen, droht ihnen die Armut. In vielen Fällen tragen die diskriminierenden Gesetze dazu bei, dass die Frauen zu Obdachlosigkeit, Hunger und Krankheiten verdammt oder von ihren Kindern getrennt sind.

P. S. 2, 2016

Terror in Bangladesch: Regierung spricht von »extrem abscheulicher Tat«. Sieben bewaffnete Extremisten mit Pistolen, automatischen Gewehren und Granaten stürmen das Café Holey Artisan Bakery. Das Restaurant liegt im Diplomatenviertel Gulshan, es ist bei Ausländern beliebt. Sie rufen »Allahu Akbar« (»Gott ist groß«), zünden Sprengsätze und nehmen bis zu 40 Geiseln. 13 Stunden später sind 20 Menschen tot, es sind überwiegend ausländische Zivilisten.

Die gute alte Zeit und der Kaiser

Italien. Zwei. 17. Mai 2010

Warum erinnere ich mich gerade jetzt an meine erste Italienreise? Es ist ein so perfekter Moment, abends, ein Kiosk in Sestri Levante, das Meer rechts, die Pinien (König der Bäume) oben und grüne, alte Neonschrift davor. Der Kaffee in dieser kleinen Bude, besser als in allen deutschen Gaststätten, die Luft mild und kein Staunen mehr da.

Die Schönheit macht nichts mehr mit mir, das Meer ist nur Wasser. Die Erinnerung, das einzig Lebendige, Trauer um die Zeit, in der alles Aufregung war.

Ich war wohl vor hundert Jahren das erste Mal in Italien, mit dem ersten richtigen Freund, der ersten vermeintlichen Liebe, im ersten Auto. Und im ersten teuren Hotel meines Lebens. Ein alter Palast in einem Piniengarten. Wie die duften in der Nacht, und wie die Grillen Geräusche machen, und ich am Fenster und gar nicht wissen, was man anfangen soll mit so einer Nacht.

Davor hatte ich solche Hotels nur angesehen. Von außen. Diese Häuser, mit gedämpftem, gelben Licht, Buchsbäume links und rechts vom Eingang, und gedacht: Das werde ich wohl nie erleben, so ein Hotel, von innen.

Wie ein junger Hund komme ich mir vor, wenn ich heute daran denke. Morgens aus dem Bett stürmen und raus und alles ansehen müssen, unbedingt, sofort, bis man Kopfweh bekommt. Die Italiener, damals dachte ich, die schönsten Menschen der Welt, in den seidig fallenden Trikotagen, redeten, und ich glaubte, sie sprächen in Danteschen Versen, so klug sahen sie aus, so selbstbewusst, und ich –

Wie das war, als das Leben noch vor mir lag, und ich dachte: Jetzt, jetzt geht das alles los. Mit der Liebe, mit Italien, und dass es sich immer so anfühlen würde wie ein Rausch, dachte ich, und nun, nun stehe ich an diesem Kiosk, trinke wunderbaren Kaffee und denke nur: Heute Abend gibt es schon wieder nichts Vernünftiges zu essen. Italienisch halt.

Wie sich das Leben abnutzt, das merkt man ja nur an Freunden und Ländern, die man immer wieder sieht und die Falten werfen, und die Gags, die hat man schon tausendmal gehört und die Kaffeebuden tausendmal gesehen und am Meer gestanden und gedacht: Also so schön werd ich wohl nie wieder am Meer stehen. Und doch wiederholt man alles, was einst schön war, und hofft auf die Stärke der Gefühle, die das erste Mal erzeugt, hofft, dass wenigstens die Gefühle gleich bleiben, wenn schon alles andere altert.

Nichts da. Alles wird schwächer. Wie die Erregung abnimmt und das Verstehen wächst, aber es hilft ja nichts. Es macht nichts einfacher zu verstehen, nichts angenehmer.

Cinque Terre, 15 Jahre später, da sind nur noch Touristenmassen, die sich mit Reiseleitern durch die kleinen Orte schieben, sind überfüllte Restaurants mit viersprachigen Speisekarten, ist das Gefühl, ein Portemonnaie auf zwei Beinen zu sein, und das Verstehen, dass sie recht haben, die Italiener. Wenn man schon ihre netten Gassen verstopft, mit weißem Fleisch, dann muss man dafür zahlen.

Irgendwo hier am Meer war ich mal tanzen, in dieser Art, dass man verschwitzt ist und fast tot, wie nach einem Marathon, in schwarzen Sachen, natürlich trug ich nur schwarz, und früh am Morgen lag ich neben einem umgestülpten Boot, das war wohl mit dem Freund, nach dem ersten Freund. Ohne Auto und ohne Geld, und an Venedig erinnere ich mich noch,

im Herbst und leer. Eine Pension für 30 Mark und kein Geld mehr für gepflegte Speisen. Ziemlich hungrig liefen wir durch die Stadt, und warum vergisst man das nicht, vergisst dafür die späteren gepflegten Reisen nach Venedig in Ferienwohnungen erwachsener Freunde, Essen in teuren Restaurants, die nie mehr das Gefühl machen werden wie der Hunger auf das Leben damals.

Und wie mir das nicht mehr einfiele, heute, die ganze Nacht durch die Stadt zu laufen, weil der Zug um 6:00 fährt und das Geld für eine Übernachtung nicht mehr vorhanden, heute, da ich am liebsten um zehn zu Bett gehe und auch daran einige Ansprüche habe. Die Matratze, das Licht, die Sojamilch …

War das früher besser? Als ich noch Illusionen hatte?

Mit welchem Mann war das nur? In Bergamo, dem Schönsten, was einer als Ort in den Bergen so werden kann, nachts vor einer bereits geschlossenen Bar, und der Wirt stellte zwei Stühle für uns wieder zum Tisch, und ich saß da und redete atemlos Schwachsinn, mit Angst, dass ich nicht genügen würde, wenn ich schwieg. Ein paar Monate später war der Mann weg und Bergamo für immer besetzt mit seinem Schatten.

Nachdem er sich aus meinem Leben verabschiedet hatte, der Bergamo-Mann, war ich nach Capri gefahren, allein, es war im April nach dem Herbst mit ihm, ich war der erste Tourist auf der Insel und dachte, wenn ich vor Traurigkeit überhaupt zum Denken kam, dass ich vielleicht einmal so reich würde, mir einen dieser Paläste auf der Insel kaufen zu können, auf der alles so perfekt ist, dass es weh tut. Ich war den Inselwanderrundweg gerannt, jeden Tag, um mich zu bewegen, weil ich sonst nur zusammengekrümmt gesessen hätte, weil ich doch keine Ahnung hatte, dass das Leben weitergeht, dass Erinnerungen dünner werden, dass Liebe, die geht, keine Liebe ist, sondern nur Sehnsucht.

Ich stand auf Capri und schaute Boote an und dachte bei jedem, da könnte er jetzt sein und kommen und mir erklären, dass es ein Irrtum war. Heute weiß ich, dass solche Sachen nur in Filmen stattfinden, in denen Meg Ryan mitspielt, aber unterdes auch nicht mehr, denn sie ist jetzt ebenfalls zu alt, als dass man ihr Naivität glauben würde.

Natürlich wohnt man in Bologna im Grand Hotel. Schaut später nach Taschen und Schuhen, am Abend isst man in einem Restaurant, das aussieht wie alle teuren Restaurants auf der Welt, und sitzt dann nachts auf dem antiken Hotelbett, packt kleine Dinge aus großen Tüten aus, knistert mit Seidenpapier, hat Hunger und weiß nicht worauf.

Wie viele Jahre ist das her? In Bologna, in einer hässlichen kleinen Wohnung, zu Besuch bei einem Italiener, schwer verliebt und kein Wort reden können mit ihm, dann ans Meer, Rimini, die Eltern besuchen, und sich verabschieden drei Tage später, wieder heimreisen, weinen und wissen, diesen Mann wirst du nie wiedersehen – vielleicht war das schon der Beginn des Endes, dieses Wissen um Unmöglichkeiten. Das ist es doch, was die Verzauberung nimmt. Allem. Das Wissen, dass ein schönes Gebäude, der Duft von Pinien und Abendwärme nichts an deinem Zustand ändern kann. Es wird schon bald eine Erinnerung sein, dich nicht verändert haben, dein Leben nicht.

Ich bin wieder zu Hause. In einem schönen Leben. Vielleicht werde ich irgendwann im Winter wieder einmal Sehnsucht bekommen, nach Italien, so wie viele. Und wir alle werden wieder fahren, an einen See, ans Meer, in die Toskana, und wir werden hoffen, dass die Zukunft so sein wird wie unsere Erinnerungen, mit Gerüchen und Gefühlen, wir werden uns selber in Reisen nachspielen, doch glaubt mir, wir werden es nie mehr finden, das Gefühl unserer ersten Italienreise.

P. S.

Italien liegt plattentektonisch genau auf der Grenze zwischen den afrikanischen, adriatischen und europäischen Kontinentalplatten, die sich alle aufeinander zubewegen und das gesamte Land zu einer enorm unter Druck stehenden Knautschzone machen. Wenige Kilometer unter Italien wachsen 1000 Grad heiße Seen, sprudelt Magma – Italien droht zu zerreißen. In den Risikozonen ist niemand sicher.

P. S. 2, 2016

Gefährdung durch Terrorismus in Italien: Alternative Urlaubsländer. Das Auswärtige Amt gibt auf seiner Website Sicherheitshinweise für den Urlaub in Italien. Italien-Reisende sind aufgrund einer erhöhten Gefährdung durch Terrorismus beunruhigt. Für sie gibt es geeignete Alternativen. Das Auswärtige Amt empfiehlt für den Italienurlaub, aufgrund von erhöhter Gefährdung durch Terrorismus in Menschenansammlungen möglichst aufmerksam zu sein.

Blair Witch Project

Weimar, Mai 2001

40 Tage davor

Sie stand vor dem Bahnhof. Das Herz schneller, alles schnell, der Atem, das Leben, das jetzt beginnen würde, an jenem Tag, an dem es so hell war, wie um sie auszuleuchten, zu zeigen, dass sie anders aussah. Als was, hätte keiner sagen können, es wirkte jedoch, als gehöre sie nicht vor diesen Bahnhof, auf diese Allee, die sie nun in die Stadt hinablief. Nach 15 Jahren war sie zurückgekommen. Als es egal geworden war, wo eines wohnt, weil es begreift, dass man nur in sich wohnt und so weiter, war sie zurückgekommen, denn im Gehirn des Menschen sitzt ein Virus, der schlechte Erinnerungen aufisst. Ihr waren nur die goldenen Bilder geblieben. Von stillen kleinen Gassen im Regen, der auf Kopfsteinpflaster glänzt. Von einem Park im Nebel und Fachwerkhäusern im Sonnenschein. Eine Stadt, in der jeder jeden kennt. Sie hatte in Städten gelebt in denen man noch nicht mal mehr sich selber kennt, und es waren schöne Bilder gewesen, darum. Sie hatte vergessen, wovor sie geflohen war. Alles vergessen, und sie war zurückgekommen aus der Sehnsucht nach einer Heimat heraus, wegen eines Gedankens an Frühling und Quellen und kultivierte Menschen, die einander noch mit Namen ansprechen. Hatte sich eine Wohnung gemietet und schaute nun aus dem Fenster auf einen kleinen Platz und dachte an Spitzweg und Frieden.

Der erste Spaziergang durch die Stadt am Nachmittag ihres

neuen Lebens. Ein paar Läden mehr, ein paar Fassaden neu, und doch das Gefühl, als habe sich nichts verändert. Seit 15 Jahren oder 200. So hell die Sonne, so weich der Vogelgesang, durch die Seifengasse, in den Park, sah das Gartenhaus, die Ilm, kam zurück zum Markt, auf dem herzensgute Thüringer Bauern Wiesenblumen verkauften, nebenan, aus der Musikhochschule Geigenspiel, in den Straßencafés sonnten sich Menschen und Touristen. Als sich gegen zehn die Stadt schlafen legte, die Menschen von den Straßen verschwanden, nur noch sie durch den Frühlingsabend zu ihrem Haus lief, der Wind sie streichelte, von weit entfernt ein Trabant, der knatterte, dachte sie endlich angekommen zu sein. An einem Ort, an dem ihr nichts mehr passieren könnte, weil er ihr war wie ein Vater. Sang sie in den Schlaf, und die Luft so süß, durch das offene Fenster, in der Nacht.

35 Tage davor

Es schien ihr, als sei jeder Stein der kleinen Stadt Kultur. Jedes Haus berührt, vor langer Zeit von einem, der die Welt geprägt. Schiller, Goethe, Liszt, Herder, Klee, van der Velde, und sie berührte jedes Haus, jeden Baum und schaute danach ihre Hand an, wie ein gerade benutztes Taschentuch, schaute, ob etwas Genialität darin wäre. Sie kletterte in den künstlichen Ruinen im Goethepark herum, las die Inschrift im Felsen unter dem Römischen Haus und hatte das Gefühl, dass an einem so gesegneten Platz nichts Böses vorzufinden wäre. Sie berührte die Bauhausschule, das Haus der Frau von Stein, sie wanderte nach Tiefurt und Belvedere, und abends saß sie im Residenz-Café und war von Freude erfüllt, diesen Ort für sich wiedergefunden zu haben, in dem es keine Uhren zu geben schien, keinen Kapitalismus und nichts Arges.

Die Blicke der Menschen deutete sie als Freundlichkeit. Das Reden der Menschen hörte sie nicht. Schnell kannte man sie in der Stadt, in der jedes auffällt, das länger als zwei Wochen verweilt, und schon bald grüßten die Verkäufer in den Läden sie mit ihrem Namen. Leicht war ihr, getragen von der familiären Liebenswürdigkeit der kleinen Gemeinde, die, eigentlich zu provinzieller Borniertheit geboren, so offen war, so voller Kultur, ihr schien: wie das Modell einer besseren Welt. Sie saß unter den Lauben auf dem Goetheplatz und sah die Touristen, die in Bündeln das Goethehaus betreten durften, auf dass es sich nicht übergäbe, und freute sich, dass all die Studienräte und Kunsthistorikerinnen wieder abreisen mussten, während sie bleiben durfte.

25 Tage davor

Sie malte Bilder oder sang Lieder, es ist egal an dieser Stelle, irgendetwas machte sie, das keiner benötigte, und sie tat es lauter, als es gut gewesen wäre für die kleine Stadt, oder bunter, oder größer. Und glaubte doch, dass die Atmosphäre hier ihr gut täte, spürte das Zischeln nicht, die Augen nicht, ging strahlend, freute sich an den jungen Menschen, die in den autonomen Cafés saßen und die Welt neu erfinden wollten, dachte an Künstlerkolonien, an Worpswede, an Santa Fé, sie hatte das

Gefühl, im Bademantel durch ihre Wohnung zu laufen, so gemütlich war es ihr, durch die Gassen zu schleichen. Manchmal hatte sie Kopfschmerzen und dachte, dass irgendetwas mit der Luft nicht in Ordnung wäre. Doch das verging ihr rasch wieder, das Gefühl.

20 Tage davor

Sie hatte zwei Frauen reden hören.

»Die alte Drecksau«, sagte die eine. »Die ist so blöd wie sie aussieht«, erwiderte die andere. Minuten später merkte sie, dass die Frauen von ihr gesprochen hatten. Das verunsicherte sie, und an jenem Tag lief sie schneller durch die Stadt. Sie sah Ablehnung in den Augen der Menschen, merkte, dass einer vor ihr ausspuckte. Sie brauchte einige Zeit, um sich zu sammeln, und sagte sich dann, dass es dumme Menschen doch überall gab, dass sie doch schon immer ein Außenseiter gewesen, dass die Menschen vernichten wollten, was ihnen Angst macht, alles ihnen Angst macht, was von der Norm abweicht. Doch das schlechte Gefühl an jenem Tag verließ sie nicht, und die Häuser der kleinen Stadt schienen auf einmal enger zueinander zu rücken, als wollten sie ihr den Weg versperren.

Sie hatte sich an die Geschichte der Stadt erinnert, die keiner heute mehr kennen mochte. Das kurze Aufbäumen gegen ihr provinzielles Schicksal, doch schon nach Goethe war das wieder vorbei und alle gescheitert, die danach kamen und den Ort beleben wollten, denunziert, verraten, verjagt. Liszt, Harry Graf Kessler, das Bauhaus, verspottet in der Zeitung, die damals wie heute von Kleingeistern gefüllten Seiten, vertrieben, mit Steinen davongejagt, alle, außer Hitler. Sie erfuhr die Gesetzmäßigkeit kleiner Residenzstädte, die aus den Menschen Lakaien macht, die auf einen neuen Führer warten. Einen Monarchen, einen Diktator, gleich was, das sie lenken könnte, zu dem sie aufschauen mögen. Und eine Residenzstadt mit kulturellem Hintergrund, auf dem sich wohl ausruhen ist, sich keiner anstrengen muss, der macht Selbstzufriedenheit und verwehrt allem, was nach Anarchie riecht, den Eintritt. Als die Weimarer nach Kriegsende zum KZ Buchenwald getrieben wurden, um sich Knochen anzusehen, skelettierte Gefangene in Bergen geschichtet, weinten manche. Um schon kurz danach wieder nichts zu wissen, vom KZ, von Toten, es war doch wohl alles nicht so schlimm gewesen.

Schlecht schlief sie in jener Nacht, und eine Angst in ihr, deren Ursprung sie nicht genau hätte benennen können, denn draußen auf dem kleinen Jakobskirchhof sangen Vögel, doch vielleicht waren es keine Vögel, sondern Maschinen, was denke ich, dachte sie, ich will doch nur meinen Frieden finden. Und in der Nacht sah sie sich laufen, verfolgt von den kleinen Häusern, den kleinen Bürgern, die Treppen zum Schlossturm nehmen, und alle klatschten, als sie ihren Körper der Ruhe übergab. Sie lag vor dem Schlossturm. Auf dem Platz davor, auf den Steinen davor, das Gesicht darauf, im Dreck das Gesicht, und um sie die ordentlichen Bewohner der Stadt, die, selbst wenn sie sich als Künstler verkleiden, noch nett anzusehen sind, die standen um sie, schweigend, und sie erwachte aus dem Traum, die Luft so süß, und dachte kurz benommen, ich muss hier weg, so schnell es geht. Und schlief darüber ein, tief wie bewusstlos.

5 Tage davor

Misstrauisch ging sie durch die Stadt. Die drolligen kleinen Häuser schienen ihr wie Papp-Fassaden, hinter denen das Böse wohnt, und sie spürte, dass sich ihr Geist verwirren wollte. Touristen, die muffig rochen, nach der Zufriedenheit des gebildeten Bürgers, die durch die Straßen liefen, keiner schaut sich Buchenwald an, es verträgt sich nicht mit dem Bild der Kulturstadt. Ja, gar Kulturhauptstadt Europas bald. Noch mehr Farbe auf die bröckelnde Fassade, noch mehr Konzerte im Schlosshof. Professoren, Kleinkünstler, die die Tage in Cafés versitzen, und fast ist ihr, als spürte sie einen Stein im Rücken. Die Stadt voller Beta-Menschen, uniform und bescheiden in sich, und die, die anders sind, gehen, wenn sie noch können, wenn sie nicht gelähmt sind, durch die Gase der Zufriedenheit, die die kleinen Häuser absondern. Die Bibliothek ist so schön, und unser Theater, da tanzt sogar ein Schwarzer.

Und die Jungen, die sich aufbäumen, kurz, gegen das Gift, vielleicht schaffen einige die Flucht, gehen in die Welt, aber sollten sie zurückkehren, stolz wird keiner auf sie sein. Fast meint sie, Gas riechen zu können, die Sonne scheint zu hell.

20 Tage danach

Da geht sie. Sie hat ein unauffälliges Kleid an, sie trägt eine Brille. Sie hat ein Theaterabonnement und träumt von einem Platz, später, im Seebach-Stift. Sie geht lächelnd durch ihre kleine Stadt und schreibt Gedichte über sie, sie malt Aquarelle und redet gerne mit einem befreundeten Musikprofessor. Sie hat sich einer Gesellschaft angeschlossen, die das Kulturgut pflegt, sauber hält von negativen Einflüssen. Das sind alle.

Sie ist stolz auf das Bauhaus. Stolz auf Goethe, als wäre er ihr Geliebter, dem sie die Ehe im Himmel zugesichert hat. Manchmal sagt sie, hier sei alles so borniert, aber es ist wie über das Wetter Schimpfen. Sie nimmt tiefe Züge der Luft, die hier süßer schmeckt als anderswo.

P. S.

Am 1. Mai 2015 stürmen in Weimar vollkommen unerwartet etwa 50 Rechtsextreme eine Kundgebung der Gewerkschaft. Sie attackieren die Besucher und Politiker auf brutale Weise und verletzen dabei vier Menschen. »Es ging alles so schnell«, sagt Stefan Wolf von der SPD, Oberbürgermeister von Weimar. »Noch bevor wir das realisiert hatten, prügelten die schon.« Die Menschen auf der Kundgebung berichten, wie sie in Angst und Schrecken versetzt wurden: »Die Truppe war dunkel gekleidet und marschierte in Kompaniestärke im Block auf«. »Das war so, wie man es aus Filmen über SA-Angriffe in der Nazizeit kennt.« Berichtet ein Augenzeuge.

P. S. 2, 2016

Am Freitag gegen 17:15 h kam es zu einem Bomben-Fehlalarm auf dem Hauptbahnhof von Weimar. Der Bahnhof wurde zeitweise für den Personenverkehr gesperrt, das Schienennetz im Bahnhof, sowie die umliegende Zug-Infrastruktur kam vollständig zum Erliegen. Ein herrenloses Gepäckstück in der Nähe eines Zeitungskiosks in der Bahnhofshalle erzeugte nach aktuellen Sicherheitsmaßstäben den Verdacht eine von Terroristen deponierte Bombe zu sein.

Und jetzt: Glamour!

Cannes, 17. Mai 2000

Denkt man an manche Orte, in der Nacht, in einer, da man verzweifelt nach Schlaf sucht, ihn nicht findet, und jeder Gedanke sagt: Dein Leben ist Mittelmaß, es ist klein und billig, und darum sag ich dir jetzt mal so einen richtigen Runterzieher: Cannes, sagt der Gedanke, um einem den Rest zu geben, denn mit dem Namen verbindet man Menschen, die es geschafft haben, silberne Schaumkronen auf azurfarbener Meeroberfläche, braungebrannte Gewinner, die in erlesenen Trikotagen herumstehen und weißes Konfekt essen. Ab und an schnurrt ein cremefarbener Rolls-Royce vorüber und bewirft sie mit noch mehr weißem Konfekt. Das essen sie dann, aber anders, als normale Menschen essen würden. Ganz ohne Verdauung. Will man seiner bescheidenen Existenz den letzten masochistischen Todesstoß versetzen, fährt man als Tourist nach Cannes. Natürlich während der Filmfestspiele.

Nach Cannes gelangt man durch die Peripherie, die aussieht wie Zürich Schwamendingen. Verstopfte Straßen, Hochhäuser, schlechtgelaunte Menschen, OK, es ist die Peripherie, denkt man sich, und hässlich zu sein ist ihr Job. Wir zeichnen das erste Filmfest im neuen Jahrtausend, und der Glamour wird sich finden, es wird nur so krachen vor lauter Glamour. Catherine Deneuve ist da, Gene Hackman, Brian de Palma, Uma Thurman, George Clooney, Jean Claude van Damme, Claudia Schiffer, Liv Ullmann, Claudia Cardinale, die müssen ja wo sein, die wird man schon sehen.

Auf der Croisette sieht man Menschen. Nicht ein paar, nicht Uma und Catherine, sondern Demonstranten, wie es scheint. Tausende rebellieren gegen das Mittelmaß ihres Daseins. Die Küstenstraße am Meer, Inbegriff der Mondänität, sieht aus wie irgendeine Straße in irgendeinem Land der dritten Welt, wo es den Menschen nicht gutgeht. Sie schieben sich im Block zentimeterweise vorwärts – wohin nur? Nirgends hin, einfach hin und her. Sie wollen Stars sehen, die Menschen, wollen ihnen nahe sein und damit spüren, dass sie auch wer sind, darum sind sie hier. Vierzigtausend sind es dieses Jahr, und die laufen gerade alle auf der Straße herum, am ersten Tag in Cannes, auf der Suche nach einem Traum.

Da steht schon einer. Das Hotel Carlton ist kaum zu sehen, es ist versteckt unter Kilos von Pappe. Pappplakate, Pappbilder, Pappwerbung, wie ein Drive in sieht es aus, das Luxushotel, und innen in der Bar ist einer der Treffpunkte. Von wem bloß. Die Stühle sind mit L'Oréal-Deckchen belegt, L'Oréal-Regalnasen hängen im Raum, von dem ist nichts übrig, außer Pappe und L'Oréal, denn die Haarspülfabrikanten der Unterschicht sponsern das Festival, warum sollten sie das dezent tun? In der Bar stehen ungefähr dreißig junge Mädchen herum, vermutlich die Schönsten, die es in Frankreich gibt. Alle blond, alle schlank, alle mit mehr aus als an. Auf jedem Mädchenpo liegt die Hand eines älteren Mannes herum. Was macht die Hand da? Besitz ergreifen. Für eine Nacht oder zehn Tage träumen die jungen Mädchen von Reichtum, Ruhm, von wildem Leben und teuren Kleidern, vielleicht haben ein paar Glück. Werden geheiratet, bekommen eine Pornofilmrolle oder werden Dauergeliebte eines Produzenten aus Belgien. Früher war es so. Die Mädchen wurden Geliebte von Beruf, ihr Job war es, für zehn Tage im Jahr zur Verfügung zu stehen, und den Rest der Zeit konnten sie in schönen Kleidern kleine Hunde herumtragen. In der Nacht, in Cannes, in der Peripherie, sieht man sie in ihren Appartements. Viele alleinstehende ältere Frauen, sie waren mal jung, hatten mal eine Hand auf dem Po und haben ein Appartement bekommen. Der Produzent schaut aber schon seit Jahren nicht mehr bei ihnen vorbei. Nun sitzen sie da, allein vor dem Fernseher, der kleine Hund ist auch nicht mehr. Vermutlich werden die jungen Mädchen heute kein Appartement bekommen. Vielleicht ein paar gute Mahlzeiten, eine Spritztour auf der Jacht und eine Party mit George Clooney, mehr springt heute nicht mehr raus. Die Mädchen, die Freaks, die Fetten, die Geklonten, die Bemalten, die Zombies, das Ficken, alles ist ein Teil des Festivals. Es ist die erste Nacht in Cannes.

Halb neun am Morgen stehen zweitausend der viertausend anwesenden Journalisten vor dem Festivalpalais. Sie warten seit einer Stunde, um in die ersten Vorführungen des Tages zu gelangen. Alle Filmvorführungen sind restlos überbucht, überfüllt, ausverkauft, die der Presse, die Abendpremieren, die man nur auf Einladungen betreten kann, die für die Käufer und Händler. Alles voll, alles platzt, der Kampf beginnt. Nach der Türöffnung rennen die Journalisten in die Kinosäle, sie verlieren ihr Equipment, fallen, treten aufeinander, stoßen sich Ellenbogen in die Rippen. Während sie rennen, telefonieren sie. Jeder Aktive in Cannes hat mindestens zwei Mobiltelefone bei sich: Hallo, brüllen sie in die Hörer, oh, Tom, toll dich zu hören, die Party heute Abend, nein ich habe keine Einladung. Solche Sachen reden sie, wichtige Sachen.

Der Vorführraum ist überfüllt. Es läuft ein Film von Amos Kollek. Ein schöner Film mit einer traurigen Hauptdarstellerin. Anna Thomson, die den großen Brüsten geschuldet fast waagerecht zu laufen scheint. Trauriger Film, traurige Anna, der Kampf gegen die Unauffälligkeit ist Krieg gegen sich selber geworden, und Cannes ist das Schlachtfeld, auf dem die Leichen herumliegen.

Nach dem Film rennen die tausend Journalisten aus dem

Raum, sie brüllen wieder in ihre Telefone, irgendwo ist jetzt ein Pressetermin mit dem Regisseur, für den muss man sich neu akkreditieren, denn es gibt zu wenig Platz.

In Cannes, das dreiundsiebzigtausend Einwohner hat, sind während des Filmfestes zweihunderttausend Besucher zusätzlich da. Verkäufer, Verleiher, Produzenten, Journalisten und Touristen. Das Filmfest findet auf einer Fläche statt, die so groß ist wie ein Dorf mit 100 Einwohnern. Da wird es schon mal eng.

Im Keller des Pressezentrums sitzt Claudia Cardinale auf einem Sofa. Sie redet und schüttelt die Gliedmaßen, als spielte sie in einem ganz großen Film. Es schauen ungefähr zehn Journalisten zu. Zuhören tut keiner. Ist doch egal, was Claudia erzählt, Claudia ist eine Leiche auf dem Schlachtfeld, wie komm ich eigentlich zur George-Clooney-Party heute Abend?

Vor den Hotels an der Croisette stehen Menschenhaufen. Sie warten, dass ein Star herauskommt. Kommt aber keiner, denn in den Hotels verkehren nur die, die Filme realisieren, und die kommen nicht heraus, sondern arbeiten bis zum Kollaps. Jede halbe Stunde ein Gespräch mit irgendwem. Es geht um viel Geld, um Verträge – um Visionen kaum noch. Darum wird laut geredet: um das Winseln der Visionen nicht zu hören.

Die Händler in den Hotels, die Stars im Hotel in Cap d'Antibes, und auf den Straßen die Journalisten und die Touristen. Schieben sich vorwärts und werden öfter mal angefahren. Die Einwohner von Cannes hassen die Besucher, die ihnen zwar Reichtum bringen (zwei Kaffee 40 Franken), aber ihr Leben unerträglich machen. Sie fahren wie cholerische Serienkiller mit hochroten Köpfen, und wenn sie einen Touristen touchieren, springen sie aus dem Wagen und schlagen noch mal nach. Die geprügelten Touristen schleichen weiter. Vielleicht hatte einer die Idee, einen Film zu sehen. Die Idee wird scheitern. Obwohl jeden Tag 40 Filme laufen, gelingt es kaum jemanden, der nicht wichtig oder nicht Produzent ist, in einen zu gelangen. Pech gehabt, sollen doch heimgehen, die Touristen, hier wie überall auf der Welt. Ihr seid zu viele, ihr seid lästig, geht doch nach Hause, denn in Cannes geht es nicht um Amüsement, sondern um Business.

Was wollt ihr? Stars sehen? Dann versucht doch mal zu einem Empfang zu gelangen, versucht, an dem zwei Meter großen Türsteher vorbeizukommen. Schafft man das, landet man auf der Party des deutschen Films am Nachmittag. Zwei Stars sind auch da. Hannelore Elsner in einem blauen Schlafzimmervorhang von Galliano und Vadim Glowna in Alkohol. Der Rest ist wichtig.

Die Deutschen stehen in einer großen Markthalle, sie reden über Geschäfte, die Stars sind erschöpft, in der Halle hat es 40 Grad. Um sieben ist der Spaß vorbei, Glamour war das nicht.

Die Nacht in Cannes beginnt.

Im Wettbewerb läuft ein Film des russischen Regisseurs Pavel Lounguine. Ein Red-Carpet-Event. Abendkleidung. Große Robe. Das bedeutet Smoking für die Herren, für die Damen unvorteilhafte Fahnenkleider. Die Menschen lieben es, sich zu inszenieren, und alles in der McDonald's-Welt von Cannes, das nicht mit dem Geschäft zu tun hat, ist Inszenierung, ist etwas wie Sich-schön-Machen auf dem Campingplatz, um eine Runde Karussell zu fahren in Disneyland.

Tausende in Abendrobe stehen am Gitter vor dem roten Teppich. Im Hintergrund baut sich die französische Antiterror einheit CRS auf. Die übelste Manifestation von Staatsgewalt. Stehen bewaffnet, um Sicherheit und Wichtigkeit zu inszenieren, hinter ihnen stehen Touristen und Paparazzi. Fast alle haben kleine Trittleitern dabei, damit sie den russischen Regisseur, von dem sie noch nie zuvor gehört haben, auch genau sehen mögen. Die Besucher des russischen Films, der vermutlich anderenorts vor 100 Zuschauern in einem Programmkino liefe, eilen über den roten Teppich. Alle werden fotografiert. Die Treppe entlang stehen arme Männer in Phantasieuniformen und salutieren vor Assistentinnen des Marketingdirektors polnischer Videoverleiher. Trotz streng limitierter Einladungen ist der Riesensaal überfüllt, und einige Menschen in Smoking müssen leider draußen bleiben. Warum sitzen 2000 Menschen in Abendrobe und schauen sich einen Film an, der ist wie Big Brother auf Russisch? Weil es für die Einladung zu einem besseren Film nicht gereicht hat, weil es vielleicht keine besseren Filme gibt, weil alles hier ist wie im Film, wie eine Hotelfassade, die leuchtet und funkelt und die hinten mit Sperrholzbalken abgestützt wird. Oder einfach, weil sie sich vorgenommen haben, Glamour zu finden und nun verzweifelt alles tun, um sich nicht eingestehen zu müssen, dass es den hier einfach nicht gibt.

Nach dem Film geht es zu den Events. Ein paar wenige haben Einladungen zu sehr wichtigen Starpartys. Sie werden von wichtigen Wagen in wichtige Villen außerhalb gefahren. Dort zeigen sie die Einladung schwarzen Männern in schwarzen Anzügen und stehen dann in einem überfüllten Raum. Die Menschen auf der wichtigen Party, in diesem Fall vielleicht mit George Clooney, repräsentieren das Verhältnis der Anwesenden am Festival: 98 % Produzenten, Verleiher, Investoren, 1 % Journalisten, und 1 einziger George Clooney. Der sitzt auf dem Sofa und lächelt. Alle trinken ein Glas Champagner und lächeln, tun so, als ob sie George Clooney auf dem Sofa nicht sähen, reden über Geschäfte oder über russische Filme, nach einer halben Stunde werden alle wieder in wichtige Autos verladen und abtransportiert. Dann geht es zum Kampftrinken in die Bar Petit Majestic. Fünfhundert besoffene Menschen in geliehenen Smokings stehen auf der Straße und trinken aus Plastikbechern Bier für 20 Franken. Die Bar wird geführt von Zwillingsbrüdern, die aussehen wie Jean Claude van Damme nach einem langjährigen Gefängnisaufenthalt. Ihre Nasen vibrieren von Kokain, sie schütten die Getränke in die Becher, als wollten sie mit jedem Schwall den Gast verprügeln. Masochisten unter sich. Die Crème de la Crème unserer Zeit auf der Straße, besoffen, verzweifelt, für einen Moment der Klarheit vielleicht durchschauend, was sie in ihrem Leben tun. Mein Leben ist es, denken sie vielleicht, den ganzen Tag ins Telefon zu brüllen, Zahlen zu brüllen, wichtig zu tun, wichtig zu reden, und dabei wollte ich doch mal Filme machen, Filme, die den Menschen Träume geben und Hoffnung. Stattdessen mache ich Geld. Doch der Moment hält zum Glück nicht lange, noch ein Schluck (4 Franken) warmes Bier darauf.

Es wird Morgen in Cannes.

Vor dem Grand Hotel sitzt Regisseur Amos Kollek mit der Anna Thomson.

Im Hotel hat die Schweizer Verleiherin Christa Saredi ein Büro gemietet und kämpft täglich zehn Stunden darum, die Filme, die ihr wichtig sind, der Welt zu schenken. Als eine der ersten glaubte sie an einen Jarmusch, Haneke oder Kaurismäki. Der Wunsch, an Träumen festzuhalten, kostet Nerven. Da bleibt keine Zeit, Stars zu beobachten, auf Partys zu stehen, das ist Arbeit. Das ist Cannes neben der Croisette, Cannes, das die Touristen nicht interessiert.

Ähnlich hart engagiert sich Ruth Waldburger, die Schweizer Produzentin, die den Eröffnungsfilm von Godard produzierte.

Wohltuend leise, die Schweizer, zwischen all dem Gebrüll auf der Straße. Wohltuend fein, das Festival in Locarno, von Schweizern als provinziell beschimpft. Wenn es provinziell ist, Menschen nicht zu verachten, mag das stimmen. Dann ist Cannes nicht provinziell, ist die Welt, und die ist am Sich-Auflösen, am Vollwerden, Billigwerden, am lauten Brüllen, damit man zwischen all der Ware überhaupt noch etwas hört. Seit das Kino ein Massenbetrieb geworden ist, hat es nichts Feines mehr, nichts Ruhiges scheint Platz zu finden, doch was kann man dagegen tun? Nichts kann man tun, einen Schluck Milchkaffee vor dem Grand Hotel trinken und dann schauen, wo die Legenden wohnen.

Das Hôtel du Roc in Cap d'Antibes liegt sehr erlesen. Auf einem Felsen, unten das Meer, die Wände altrosa. Hier fliegt der Hubschrauber Gene Hackmann hin und George Clooney, und Jean Claude van Damme kommt mit dem Schnellboot, denn er ist ja Action-Star. Das Hotel ist überfüllt wie alles, wie die Stadt, das Meer, die Welt, überfüllt mit Produzenten und deren Frauen, alle siebzehnjährig, die Männer telefonieren, hier ist auch nichts los. Zurück nach Cannes, auf der Straße einen alten Salat für 200 Franken essen, danach in ein lautes Hotel, um zwischen Pappschildern ein wenig zu schlafen.

Zehn Tage Cannes sind wie zwei Menschenleben. Soviel zu sehen, nichts Gescheites, George Clooney ist abgereist, die Straßen sind voller Menschen und Terroreinheiten der Polizei, an kleinen Ständen können die Assistentinnen der polnischen Videofirmen sich selbst auf Foto kaufen, wie sie über den roten Teppich laufen, das kleben sie dann zu Hause in Polen in Fotoalben, die werden auf den Müll geworfen nach ihrem Ableben. Da waren sie nun berühmt für ein paar Sekunden, aber keiner will es wissen.

Zehn Tage lang ist Cannes das Universum, der Mittelpunkt der Welt. Alle hoffen auf Große Geschäfte, auf Große Begegnungen, berauschende Partys, auf etwas, das ihr Leben aus den Angeln hebt, doch die Tage in Cannes sind, wie der Mittelpunkt der Erde eben ist. Der sich geändert hat und verfault, nur noch ab und zu eine Lavablase spuckt, aber keiner sieht es, keiner merkt es, denn alle sind beschäftigt. Mit sich und den Telefonen und den Träumen, von denen keiner mehr weiß, wie sie eigentlich aussehen sollen.

P. S.

Die Gefahr von Terroranschlägen bei den Filmfestspielen des Jahres 2016 ist so enorm angewachsen, dass die Sicherheitsmaßnahmen sowohl für die Prominenten als auch für die rund 200 000 Besucher und Touristen auf die höchste Stufe gestellt wurden, teilte Innenminister Bernard Cazeneuve mit.

P. S. 2

Bei so viel Glamour gibt's zur Strafe kein Bild.

Der Traum vom Meer. Der zweite Versuch

Seattle-Hongkong, 27. September 1996

Der Mann, den ich liebe, der Mann, der mich nicht liebt, steht hinter der Menschen-ohne-Ticket-Sperre am Flughafen und winkt. Die Augen schon weg. Der Mann, der vielleicht eine andere liebt oder nicht mal sich, und ich stehen da, zerrissen durch diese blöde Sperre; rausgerissen das Herz. Liegt auf dem Boden und leckt an den Füßen des Mannes herum. Die roten Haare des Mannes bleiben noch in meinem Auge, wie wenn ich zu lange in die Sonne geschaut hätte, und mein leerer Körper macht sich auf eine weite Reise. Ist doch das einzige, was neben dem Tod hilft gegen Nichtgeliebtsein. Gestorben bin ich schon zu oft. Das wird fad, und drum fahr ich weg aus der Stadt der Erniedrigung, weg aus dem Regen.

Das Flugzeug fliegt nach Hongkong. Das glauben jedenfalls alle, die in dem Flugzeug sitzen. Ich weiß es besser. Weiß, dass Flugzeuge auf dem Boden stehenbleiben und nach einigen Stunden ausgefeimter Wolkenprojektionen nur die Kulissen geändert werden.

Die Kulissen in Hongkong sind gut. Aus dem Regen schimmern Himmelsbegrenzungen, die Hochhäuser sein könnten oder Wolken, Berge, vielleicht gar der Hades. Unten, zu Füßen der Dinge, die nicht ganz klar sind, laufen Menschen. Sie steigen in U-Bahnen, die im Unterleib von Kaufhäusern halten, und kaufen, sie laufen in Passagen, die die Stadt unterhöhlen und keinen Ausgang haben, und kaufen. Das ist Aufwachen in der Hölle. Kaufen, ohne Sinn. Kaufen, bis alle dran sterben.

An den Rändern der Straßen sitzen Frauen auf Plastikplanen und fotografieren sich und was sie gekauft haben. Sie zeigen sich dann die Fotos, auf denen sie mit dem Gekauften drauf sind. Ich frage die Frauen, warum sie da sitzen, im Regen, auf Plastikplanen am Rande der Straßen. Sie sagen: Weil es sonst nicht viele Plätze gibt, wo man sitzen kann. Ich laufe durch Hongkong und sehe nichts von der Stadt. Über meinem Hirn ist eine große Kontaktlinse mit einem roten Haarfleck drauf.

Ich in Hongkong, im Regen, schaue verschwommen auf Dinge, die Hochhäuser aus dem Mittelalter sind. Wie Bäuche, schon lange geöffnet, stehen sie da in unbeugsamer Hässlichkeit. Ich und die Häuser, und nachts um zwei wollen wir an Bord eines Frachtschiffs gehen. Der Fotograf und ich. Wir sitzen im Regen im Frachthafen und warten auf das Schiff, das uns über den Pazifik bringt, nach Amerika. Und das mir helfen soll, in fünfzehn Tagen ein Geschwür in Männerhöhe aus meiner Seele zu operieren. Im Frachthafen sind außer uns große Kräne, Laternen und sehr große Insekten, und wir können uns die ganzen Sachen sehr lange ansehen, denn unser Schiff heißt Hyundai Tacoma und legt erst um fünf an. Ein dickes Schiff das, mit einigen Millionen Bruttoregistertonnen. Ein in Polen gebautes Schiff. Unsere Kabine ist eingerichtet wie eine Bahnhofsgaststätte in Warschau-Nord. Neonröhren und festgeschraubte Pressholzmöbel. Vor der Hässlichkeit gibt es kein Entkommen. Ist sie in dir, sie wird dich immer begleiten.

Das Schiff liegt dann noch zwanzig Stunden im Hafen, ehe es sich in der folgenden Nacht bequemt auszulaufen. Die Lichter der Stadt blinzeln müde. Der ist völlig egal, ob wir bleiben oder fahren oder im Meer untergehen, weil wieder einer eine Tür nicht zugemacht hat. Auf dem Schiff befinden sich außer uns viele Container, drei Rentner, zwanzig philippinische Matrosen, ein mürrischer deutscher Kapitän und ein deutscher Maschinist. Der hat den Gemütszustand eines seiner Kolben angenommen, unter Deck. Als ich ihn frage, womit das Boot so fährt, sagt er: »Das ist ein Schiff, und es fährt mit Urstoff.« In Gedanken setzt er »… du blödes Ding!« dazu und macht eine Handbewegung, als wäre er die Maschine und würde den Urstoff aus dem brutal männlichen Boden schaufeln.

Am ersten Tag laufen wir auf dem Schiff herum. Wir gucken die Container an, die Stahlplanken, die Rettungsboote und das Wasser. Am zweiten Tag laufen wir auf dem Schiff rum, achten diesmal auf Nuancen. Sieh mal, wie unterschiedlich all diese Container beschriftet sind, schau mal, ein besonders hübsches Tau! Am dritten Tag laufen wir nicht mehr herum. Die Möglichkeiten, etwas Neues zu entdecken, sind dünn. Es ist überdies kalt geworden, am dritten Tag. Da mag keiner rausgehen, in die Kälte, um sich Container anzusehen oder das graue Meer. Nach dem dritten Tag gewinnen die Mahlzeiten eine große Bedeutung, zerteilen die Monotonie in drei Gänge. Unterbrechen den inneren Monolog durch Überlegungen. Ob es Reis oder Kartoffeln geben mag, solche Überlegungen sind das. Die Sachen auf dem Teller verschwimmen am vierten Tag. Nach vier Tagen sehen sie aus wie die See. Die ist grau.

Es regnet. Es ist kalt. Draußen und in der Kabine. Abends sitze ich auf dem Schiff, wo es nicht mehr höher geht, und gucke das Meer an. Ich höre irgendein Requiem, wo es ums Ende geht, schaue ins Graue und denke darüber nach, dass Liebe nur eine Illusion ist. Die uns am Leben halten soll. Und der wir hinterherlaufen und damit dem Tod weg. Es geht mir bedenklich.

Der Fotograf verblödet eher als ich. Nach einigen Tagen rennt er auf dem Schiff herum und fotografiert im Wahn Taue, Knoten, Farbeimer, Container. Er fotografiert das Meer.

Ich gucke das Meer an. Eine Woche auf See hält kein Liebeskummer aus. Ich konzentriere mich, um den Schmerz nicht sterben zu lassen. Ist er doch wenigstens ein Gefühl! Sitze ich hier auf diesem fremden Schiff! Nicht gewollt, von einem

Mann, der mit seinem kleinen warmen Körper eine andere zudecken wird, irgendwann, sie mit seinen runden Händen streicheln wird. Alle, außer mir. Ich wanke zur Reling. Ich stehe dreißig Meter über dem Unten, das Meer fließt schnell weg. Wie schnell würde ein Mensch wegfließen, der da reinfiele? Würde alleine zurückbleiben in der Endlosigkeit. Fühlen, wie salziges Wasser in seine Lungen dringt. Sich anders besinnen. Leben wollen. Ist aber zu spät. Gestorben muss sein! Der Körper geht unter, füllt sich ganz aus, mit Wasser, mit Moder, mit Flüssigkeit, die das Blut verdrängt. Panik in den Augen, wenn die brechen. Ein letzter Blick auf ein kleines, weit entferntes Schiff, mit dem das Leben wegschwimmt.

Am nächsten Tag machen wir Experimente. Wir werfen einige Bücher der Bordbibliothek ins Wasser. Bücher, die es nicht besser verdient haben. In den Vorworten zu den Büchern schreiben Menschen, die wahrscheinlich Hausmeister der Buchverlage sind, Wörter wie: bemerkenswert, ungewöhnlich. Die Bücher treiben sehr schnell ab. Der Kapitän erzählt uns, dass so ein übergebordeter Mensch kaum eine Chance hat, wieder an Bord zu kommen, weil der Bremsweg eines Schiffes ein paar Kilometer beträgt und weil da die Kälte im Wasser ist, die den Menschen kollabieren lässt, und die Fische, die den Menschen auffressen. Interessiert schaue ich das Meer an. Hat sie doch Qualitäten, die alte Plörre!

Die Tage werden länger. Unsere Lebensgeschichten sind erzählt, keiner von uns beiden mag mehr über Liebeskummer oder Schiffskatastrophen reden. Noch neun Tage.

Wir sind im Delirium. Ich habe an meinem Körper Haufen entdeckt, die eindeutig der zerfleischenden Tätigkeit des Beriberi-Wurms zuzuschreiben sind. Wir hören auf zu reden, der Fotograf und ich, am elften Tag. Weil wir nicht mehr reden wollen, singen wir. Lieder über den Beriberi-Wurm, über Ausscheidungen, über den Tod im Wasser. Ab und zu gehen wir zu den philippinischen Matrosen und singen mit denen. Die Matrosen sind alle traurig, denn sie wohnen ein Dreivierteljahr auf dem fremden Schiff, weit weg von zu Hause. Ich habe kein Zuhause. Das wäre, wo das Herz ist, und das liegt zertreten am Hamburger Flughafen.

In der Speisehalle hängt eine Seekarte. Jeden Tag rückt ein kleines Fähnlein ein winziges Stück näher auf die amerikanische Küste zu. Wir gucken das Fähnlein an, als ob es dadurch schneller rücken würde. Das Fähnlein ist das Schiff, und es ist rot, rot, rot, und das Meer ist das Meer. Auf der Karte ist es blau, aber Karten lügen. Noch fünf Tage im schwimmenden Gefängnis. Unsere Ausflüge werden seltener. Noch vor ein paar Tagen haben wir Dinge unternommen wie zusammen Wäschegucken in der Waschmaschine oder in die Schiffssauna gehen. Wir haben eine Stunde in der ungeheizten Sauna gesessen und Lieder gesungen. Vor ein paar Tagen war noch was los. Ich ertappe den Fotografen, den Bruder im Schmerz, wie er mit einem Container redet. Ihm Frauennamen gibt. Der Container heißt Kossa.

James heißt James, und ich starre dem alten Amerikaner bei Tisch auf den Mund. Immer eindringlicher. Von Tag zu Tag. James isst am liebsten Schwarzbrot, auf das er sich Konservenfrüchte legt, die er mit Fruchtsoße begießt. Isst ganz schnell, wie ein Nager. Reinigt danach sehr lange mit seiner Zunge sein Gebiss. Ich fühle den immer stärker werdenden Wunsch, etwas auf James zu hauen. Auf den Mund. Die Thermoskanne.

Ron und Norine sitzen auch mit am Tisch. Der 82-jährige Australier und die 77-jährige Kanadierin haben sich vor zehn Jahren auf einer Frachtschiffreise kennengelernt. Heute sind sie ein Liebespaar und machen bereits ihre zehnte Tour zusammen. »Für Rentner ist das die ideale Urlaubsform«, sagt Ron. »Wir haben das Gefühl, die Zeit verginge langsamer durch die Langeweile. Und Zeit wird knapp, in unserem Alter.« Darauf

WÄHRENDDESSEN...
PLUFF

küsst Norine Ron, und die beiden ziehen sich vom Tisch zurück, um ein bisschen Puzzle zu spielen oder zu fummeln.

Noch vier Tage. Wir liegen apathisch im Bett. Ich habe keinen Liebeskummer mehr. Was ist Liebe, wenn es ums Überleben geht? Unsere Haare sind fettig, dem Fotografen steht ein hässlicher Bart. Ich habe viele Pickel, von der Kälte, vom Lichtmangel. Wir suchen in unserer Kabine mit den Augen nach Insekten. Muss man auf Schiffsfahrten nicht irgendwann immer Insekten essen?

Wir wollen nichts mehr, nicht mit den philippinischen Matrosen singen, nicht mehr atmen und keine Taue mehr anschauen. Wir wollen noch nicht einmal mehr über Bord springen. Wer macht freiwillig solch eine Reise? Außer Rentnern niemand. Demnächst vielleicht noch ein paar unserer Feinde, denen wir so eine Frachtschiffsfahrt dringend anraten werden.

Als der letzte Tag anbricht, können wir uns nicht wirklich freuen. Schwankend stehen wir auf der Brücke. Starren auf das Meer. Und nach ein paar Stunden Starren kommen die ersten Möwen. Heiser rufen wir ihnen Beschimpfungen zu. Und dann taucht Land auf. Wir singen müde die amerikanische Nationalhymne. Als das Schiff anlegt, schwanken wir das Treppchen hinab zum Festland. Traurig winken die Matrosen. Sie müssen zurück in die Hölle. Ganz schnell gehen wir von dem Schiff weg, als könnte uns jemand fangen und da wieder drauftun.

Als ich hundert Stunden später wieder in Hamburg bin, in meinem Bett liege, das immer noch schlingert, fühle ich so etwas wie leises Glück. Draußen steht der Mond. Ich bin zu Hause. Ich lebe, und ich bin vom Liebeskummer geheilt. Gerade als ich das so denke, schiebt sich etwas über den Mond. Macht ihn unscharf. Lässt ihn verschwimmen, tunkt sein gelbes Licht in eine Suppe, in eine verdammt rote Suppe, die irgendjemand über diesen bescheuerten Mond geschüttet hat.

P. S.

Piraterie: 246 Überfälle auf Containerschiffe im Jahr 2015, ein Toter, 14 Schwerverletzte.

Was weiß Herr Sundarum von meiner Zukunft

Indien, 13. April 1995

Dunkel und feucht, von den Wänden ein Geruch nach Verderben. Seit vielleicht einer halben Stunde sitze ich in diesem kleinen Raum. Freiwillig. Ich rauche. Rauchen. Habe ich vorhin auf der Straße versucht, aber auf indischen Straßen gehört sich das nicht, auf indischen Straßen gehört Rauchen sich nicht, und vor allem Nicht-Mann-Sein nicht. Blicke und Gaffen und offene Münder und fummelnde Hände. Indien ist nicht für mich.

Wenn ich fertig geraucht habe, werde ich den großen Guru Gunjur Murthy treffen, und der wird mir mein Schicksal von einem Palmblatt vorlesen. Noch eine Zigarette, Jonny.

Zwei Wochen zuvor las ich unter unklaren Umständen ein Buch. Selbstfindung. Frau. Indien. Um nur ein paar Stichworte zu nennen. Ich quälte mich durch langweilige Sätze und erfuhr die unglaubliche Geschichte der Palmblätter. Die besagt, dass vor 5000 Jahren einem weisen Mann in Indien, dessen Name nichts zur Sache tut, von einer Gottheit, deren Name uns auch egal sein kann, die Pflicht auferlegt wurde, das Leben ungeborener Menschen in Sanskrit, der altindischen Gelehrtensprache, auf Palmblätter zu notieren. Die Gottheit hat ihm im Anschluss Leben diktiert, und der Mann hat sie alle aufgeschrieben. Dazu hat er sein Dasein verwendet, wohl dem, der eine Aufgabe findet, der er sich unterordnen kann.

Die Kunst, Menschenschicksale vom Blatt zu lesen und zu interpretieren, wurde von da an von einer Generation schlauer Männer, selbstredend, zur nächsten weitergereicht. Bis heute.

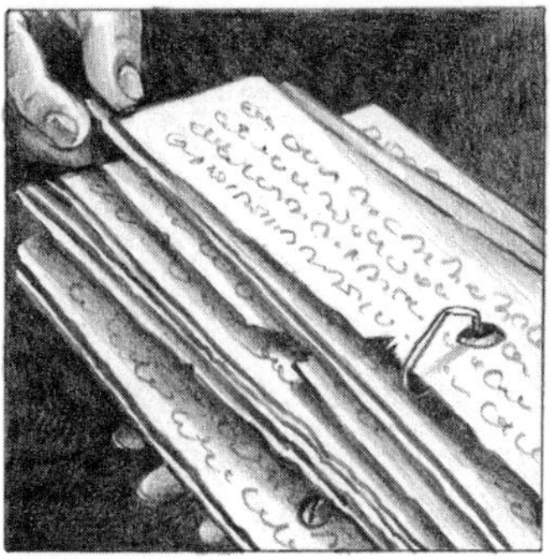 

Und die Sage geht, dass ein jeder, der in Indien danach sucht, auch sein ganz privates Palmblatt finden wird. Auf dem sein Leben vorgezeichnet ist, bis zum genauen Tag des Todes.

Geh nach Indien und rauche auf dem gut bestuhlten Klo eines Palmblattlesers diverse Zigaretten, sagte mir das Schicksal, und da sitze ich jetzt. Ein bisschen schwindelig von einer Schachtel Zigaretten auf ex und aufgeregt auch, denn heißt es nicht immer, Indien sei das Land der Wunder? Und so sehr ich mir auch Wunder wünsche, ich habe doch großen Respekt davor, wirklich einmal einem zu begegnen.

Gunjur Murthy hat die Kunst des Palmblattdeutens von seinem Vater gelernt, der es von seinem Vater lernte, der es von seinem Vater lernte, und Gunjur sieht ein bisschen aus wie mein Banksachbearbeiter, wenn der meine Auszüge betrachtet. »Ich glaube, ich habe ihr Palmblatt«, sagt der Mann. Er hat es also gefunden. Nur mit Hilfe meines Geburtsdatums (18. Juli 1978, falls es jemanden interessiert), und da bin ich froh, denn manchmal liegt das Blatt bei einem anderen Deuter im Land, oder das Schicksal will sich nicht offenbaren. Grade weiß ich gar nicht, ob ich überhaupt will, dass es sich offenbart, aber es scheint zu spät, denn der Meister geht in Trance, und auch das kenne ich von meinem Banksachbearbeiter. Dann beginnt Herr Murthy so was wie Singen. Er singt mein Leben.

Nach einer Stunde Singen weiß ich, dass ich 87 werde, mal Philosophin in der Mongolei war und so ein Zeug. Ich krieg noch ein Tuch zum Meditieren mit auf den Weg, und dann bin ich entlassen. Der Meister weiß, dass ich weiß, dass er nichts weiß. Hastig schließt er die Tür.

Und eigentlich wäre die Geschichte jetzt zu Ende. Ich meine, eigentlich ist das gar keine Geschichte, denn was soll sie Neues erzählen? Dass es keine Wunder gibt und nur der Verstand zählt? Das wäre zu einfach, denn der Verstand ist ein Fischbassin, in dem wir schwimmen. In der Angst zu verenden, wenn wir es verließen. Und Wunder, natürlich gibt es die nicht, in einem Leben. Doch der Glaube daran hilft uns zu hoffen, dass ein Dasein vielleicht doch mehr ist als eine Abfolge von Wiederholungen, von Nahrungsaufnahme und Vermehrung, von Schmerzen und Tod.

Ich werde also weitersuchen nach etwas, woran ich nicht glaube, weil es mir scheint wie Religion: Betrug an der faden Wahrheit. Ich werde weitersuchen, was sonst. Denn Schlafen geht nicht. Die Nacht macht munter. Die Luft macht das in der Nacht, sie fließt in die Lungen wie Öl. Warm, gepresst aus Blumen, Moder und Kerosin.

Ich fahre weg aus Bangalore, tiefer in den Süden. Am Auto läuft eine weiche Landschaft vorbei. Wie blaue Watte, wie warmer Brei, wie Scherenschnitte von Wahnsinnigen. Als es hell wird, verschwindet der Zauber, und das bekommt dem Land nicht. Hell ist nur noch hell in Indien, mit Staub und Hütten und eindeutiger Überbevölkerung, welche die Landschaft stört. Nach acht Stunden fahre ich verklebt in Vaitheeswaran Koil ein. Kennt doch jeder. Vaitheeswaran Koil. Der Ort hat eine Straße und viele Barbiere, die den Menschen eine heilige Glatze scheren. Es gibt einen zweitausend Jahre alten Tempel, keine Ahnung, warum um ihn so ein unansehnliches Dorf entstanden ist. Der Tempel verfügt über heilige Wasserbecken und

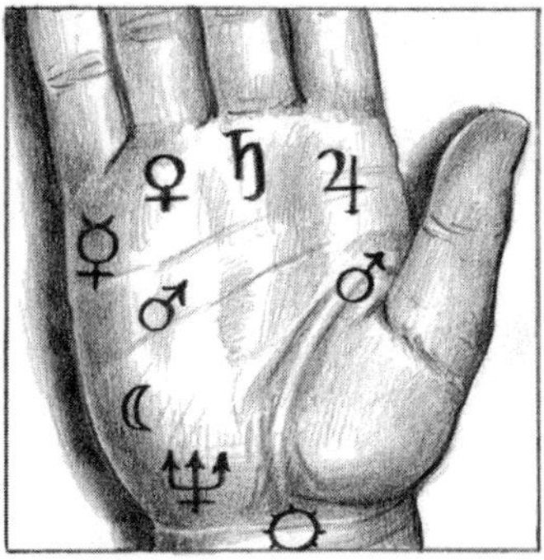 

heilige Elefanten, und ich fasse die heiligen Steine an und stell mir vor, dass vor zweitausend Jahren … und so weiter.

Links neben dem Tempel wohnt der allseits berühmte Palmblattleser Vashistar Poosamuthu. Seine Hütte ist voller Menschen, die ihn dabei beobachten, wie er betet. Meister Poosamuthu ist halbnackt und singt. Dann segnet er alle Anwesenden und verteilt heiligen Grießbrei. Die Leute essen ihn auf, und ich werde in einen Praxisraum gebeten. Eine Stunde drauf fahre ich weg.

Im Rückspiegel sehe ich Herrn Poosamuthu lachen und tanzen und mit den 150 Dollar rumwerfen, die ich ihm bezahlt habe. Eine Stunde lang hat er mich ausgefragt, um angeblich nach meinem exakten Palmblatt zu suchen, und dann hat er mir alle meine entlockten Informationen mit sakralem Gesicht vorgelesen, mir noch eine glorreiche Zukunft versprochen und im Anschluss seine große Guruhand für das Geld hingehalten. Ich weiß nicht, wer auf so einen Mist reinfällt, aber ich habe Indien langsam satt. Mit seiner Hitze, seinen Göttern und den dämlichen Hippies, die hier ihr Glück suchen. Mir wird grad alles klar: In diesem riesigen Land gibt es sehr viele unglückliche Menschen, die nicht lernen durften und denen in diesem Leben kein Wunder zusteht. Also hoffen sie und glauben.

Hoffnung ist die Hoffnung der Hoffnungslosen, würde ich

sagen wollen, von Hitze und Dreck aufgeweicht das Hirn. Und da kommt der westliche Mensch. Den Glauben hat er gegen Bildung getauscht, die Hoffnung verloren, und nun möchte er gerne. Irgendwas hier. Das geht aber nur, wenn man unangenehm gekleidet ist. Das ist nur möglich, wenn man nicht in teuren Hotels übernachtet, um ein wenig Geld ins Land zu bringen, sondern wenn man um Minibeträge in Barackenunterkünften feilscht. Ganz nah am Menschen. Ihr Idioten. Nichts gibt es hier, außer eine Milliarde InderInnen die bald über Europäer lachen werden. Die die untergehenden Metropolen besichtigen und billige europäische Prostituierte kaufen werden. Eine Milliarde Menschen, entschlossen, reich zu werden. Die minimalen Probleme mit täglichen Vergewaltigungen der Frauen, mit der Tötung weiblicher Babys, der Zwangsverheiratung und dem Verstoßen von Witwen wird man ja wohl noch lösen können.

In Madras bekommt man eine Ahnung von der Zukunft. Zwischen Hochhäusern, IT-Firmen, Studentinnen ein wenig Armut am Boden. Mit der zusammen wohnt der vorletzte Schwindler meiner Reise, Herr Sundarum, in einer Gasse. Ein kleines Zimmer hat er, das ist ausgefüllt mit seinem Bauch, vielen Heiligenbildern und dem Foto von seiner Klientin Indira Gandhi. Servus, alter Scharlatan, begrüß ich den dicken Mann still. Herr Sundarum lächelt. Natürlich wird wie durch ein Wunder mein Palmblatt in seinem muffigen Schreibtisch liegen, aber ehe ich irgendwas sagen kann, spricht der dicke Bauch zu mir. »Ich werde dir nichts über deine Zukunft verraten. Du willst nichts glauben«, sagt er, und ich sehe, was ich will, dickleibiger Schwätzer, denk ich auf der Straße, und in dem Moment fliegt mir ein Insekt ins Auge, und ich kann nichts mehr sehen.

Im Hotel suche ich nach dem Insekt, und ein Arzt kommt und sucht es auch. Aber da ist nix. Und ich habe Angst um mein

Augenlicht. Denn das ist erst mal weg. Nach einer Stunde hört der Schmerz auf, und alles ist wieder klar.

Als ich zu meinem letzten Guru gehe, ist mein Blick seltsam farbig, als trüge ich eine Brille. In einem kleinen, farbigen Zimmer sitzt ein alter Mann auf dem Fußboden. Hinter ihm hängt ein Bild von Albert Einstein. Der Mann sagt: »Du bist spät.« Nataraja Sarma kommt mir mit seinem Gesicht eindeutig zu nah, er nuschelt, seine Zähne … und so weiter. Er sagt, ich werde bald eine Heimat finden, eine Familie, es wird mir gut gehen in meinem Leben, und von meiner Vergangenheit erzählt er so genau, dass ich glaube, er hätte sie von der Staatssicherheit erfahren. Die gibt es hier nicht.

»Stell mir noch stumm eine Frage. Ich werde dir später die Antwort schicken«, sagt der Herr und stirbt. Oder schläft ein. Ich frage ihn leise, ob ich irgendwann keine Angst mehr haben werde.

Nachtrag im Jahr 2001, vier Jahre nach der Reise.

Ich wohne in einer neuen Heimat. Alles, was der alte Mann mir zugenuschelt hat, ist eingetroffen. Ob er es gesehen hat, oder ich mein Leben in die Richtung bewegt habe, die ich aus seinen Worten zu erkennen glaubte, ist doch eigentlich egal. Ich habe kaum noch Angst. Ein wenig vielleicht, vor dem Sterben.

P.S.

In der indischen Region Marathwada hat die Bevölkerung mit katastrophaler Wasserknappheit zu kämpfen. Sowohl die langanhaltende Dürre, das fehlende Umweltbewusstsein als auch der Einsatz falscher Produkte in der Landwirtschaft werden für die Katastrophe verantwortlich gemacht. Die Regierung gedenkt den Wassermangel mit Maßnahmen wie Flusserweiterungen und zusätzlichen Kanälen zu bekämpfen – ohne Aussicht auf Erfolg.

P.S. 2

Alle zwanzig Minuten wird in Indien eine Frau vergewaltigt.

P.S. 3, 2016

In der indischen Hauptstadt und anderen Großstädten wurden verschärfte Sicherheitsmaßnahmen wegen einer landesweiten Terrorwarnung ergriffen, meldet India Today. Alle Flughäfen, darunter auch der Indira Gandhi International Airport, die U-Bahn, Einkaufszentren und Bahnhöfe seien in hohe Alarmbereitschaft versetzt worden. Ähnliche Maßnahmen wurden in den indischen Bundesstaaten Rajasthan, Gujarat, Maharashtra, Goa, Andhra Pradesh, Telangana, Karnataka, Uttar Pradesh, Madhya Pradesh und Haryana ergriffen. Nach Polizeiinformationen waren zuvor 10 Mitglieder der islamistischen pakistanischen Terrororganisation Laschkar-e Taiba (»Armee der Reinen«) in das Land eingedrungen. Die Terroristen sollen landesweit Anschläge in Shiwa-Tempeln geplant haben.

Und jetzt: In den Dschungel

Amazonas, Brasilien, 5. Februar 1994

Meine Haltung drückt nur unzureichend den Umfang meiner Demütigung aus. Ich sitze auf einem Stapelstuhl. Mit geschlossenem Mund und angezogenen Beinen in einer Wartehalle am Ende der Welt. Vor der Tür der Amazonas und auf dem Fußboden katzengroße Kakerlaken. Dazwischen liegen schlafende Menschen, obwohl bekannt ist, dass Kakerlaken sich vornehmlich in feuchten Körperöffnungen aufhalten.

Ich warte. Auf das große Abenteuer. Auf große Gefühle. Alles, was ich bis jetzt über Goldgräber weiß, klingt ziemlich nach Gefühlen. Sie heißen: Angst und Ekel. Goldgraben ist ein illegales Hobby, das den Regenwald zerstört, die Indianer vertreibt und die Goldgräber tötet. Und weil all diese Sachen Fremde nichts angehen, sind brasilianische Goldgräber nicht kooperativ. Gern erschießen sie nervige Fremde, geht die Sage. Wer will die finden, mitten im Regenwald, die Leichen? Wenn die Goldgräber die Fremden nicht umbringen und auch nicht in einen quecksilberverseuchten Fluss schmeißen, bleibt noch die Malaria. Der Puma. Das Krokodil. Die Vogelspinne. Die Giftschlange. Und das Insekt. Wussten Sie übrigens, dass Kakerlaken fliegen können? Vier Stunden in der Wartehalle, die Augen nur offen gehalten von einem Geräusch, das ein Ventilator macht. Es klingt wie der Versuch eines alten Mannes zu lachen. Es riecht auch so. Um acht Uhr kommt tatsächlich ein Flugzeug. Es ist klein und hat Rostflecken. Es fliegt in den Dschungel, um eventuell in Creporiso zu landen, einer Goldgräber-

Basisstadt. Unten sieht alles aus wie auf der Landkarte von Brasilien. Grün eben. Und sonst nix. Das Flugzeug hat zwei Propeller. Ich weiß, dass man nach dem Ausfall eines Propellers noch ganz gute Chancen hat, in einem Fluss zu landen. Der Fluss, den wir hier gerade überfliegen, heißt Piranha.

Das Flugzeug geht dann irgendwann in den Sturzflug und kommt auf einer Straße zu stehen. Die Straße. Vierzig Grad. Viel Staub. Links und rechts Holzbaracken mit Geschäften. In den Geschäften stehen Goldwaagen, weil hier mit Nuggets bezahlt wird. Es ist absolut still. Nur eine Jalousie klappert das Lied vom Tod.

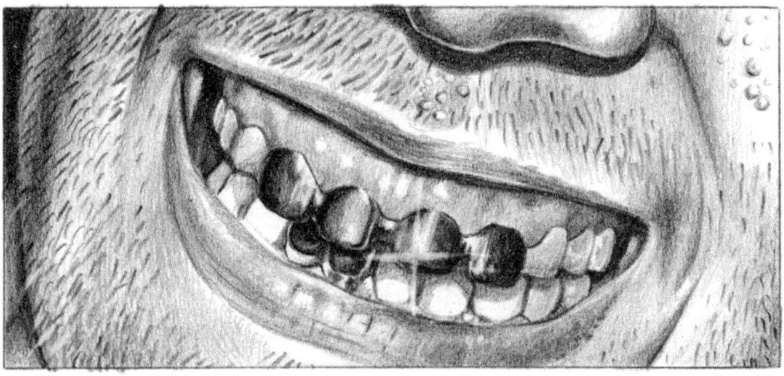

Männer mit Goldzähnen lehnen rum und trinken. Keiner lächelt. Die Straße ist sehr lang. Am Ende der Straße steht das Brasilia Palace Hotel. Vorn liegt es auf der Straße auf, und hinten sieht man, dass es auf Holzpfählen steht.

Ungefähr drei Meter über einem Boden, der aus Matsch, Abfall und Insekten besteht. Hundert Meter hinter dem Hotel steht der Regenwald wie eine feindliche Armee. Im Zimmer ist ein Loch als Fenster, damit nachts die Tiere und Insekten behende reinkommen. Im Zimmer fünfzig Grad. Also noch ein kleiner Spaziergang. An Läden vorbei, die Goldgräberzubehör führen. Rum, Plastikplanen, Motoren für die Wasserpumpen, mit denen das Gold geschürft wird. In Creporiso wird nur eingekauft, getrunken und mit Frauen geschlafen. Die Goldminen liegen irgendwo da draußen im grünen Nichts.

Wir befinden uns an der Transgarimpo.

Garimpeiro heißt auf Ausländisch Goldgräber. Und Trans heißt eben Trans. Diese Trans gräbt sich mit jedem Jahr tiefer in den Busch. Dann bleiben leere Siedlungen zurück und Müll und abgeholzter Regenwald. Eine stark betrunkene Frau tritt aus der Tiefe meiner Gedanken an meinen Tisch. Sie sieht aus wie eine betrunkene Katze und langweilt sich. Die Frau ist 21, sieht aus wie 41 und kommt aus Manaus. Da hatte sie einige Monate mit Malaria und einer Fehlgeburt zu tun. Nun will sie wieder zu ihrem Freund. Der ist Goldgräber. Und ich habe das Gefühl, dass das Abenteuer genau hier anfängt. Mit dieser Frau, die mich anlächelt und zu der dicken Kette auf meiner Brust schielt. Ein Glücksbringer, aus Afrika, der mir schon oft das Leben gerettet hat. Madeleni lädt mich ein, morgen mit ihr zu ihrem Freund zu fahren.

Am nächsten Morgen wartet Madeleni in einem Langboot voller Motoren und Herren mit Goldzähnen, das eindeutig überladen ist. Die Fahrt dauert sehr lange, wegen der Sandbänke, auf die wir auflaufen, wegen der Stopps an Minen, die »Burg der Träume«, »Hoffnung eins« und »Schicksal« heißen. Viele Friedhöfe links und rechts des Flusses. Ein Drittel der Gräber ist mit Malariatoten belegt. Die Restplätze teilen sich die Opfer von Schießereien und anderen Arbeitsunfällen. Nach fünf Stunden kommt ein winziges Kaff. Das heißt Sudario und ist die letzte Menschenfestung vor der Unendlichkeit. Eine Flussbiegung weiter sind wir da, wo wir hinwollen. Ein Stück Sandstrand. Ein paar Hütten. Willkommen im Lager Batoa. In diesem Camp wohnen ungefähr zwanzig Männer und drei Frauen. Das Land gehört einem Patron. Er heißt Gaulsa. Er war der erste. Und er ist bis jetzt der Brutalste, das zeichnet einen Chef aus. Die Besitzverhältnisse unter Goldgräbern entstehen so: Ein Mann (es gibt keine Goldgräberinnen, Frauen finden hier nur statt in Form von Prostituierten oder einer verrückten Ärztin, zu der wir später kommen) schlägt sich in den Busch. Er nimmt Bodenproben und findet Gold und kauft eine Ausrüstung für circa siebentausend Dollar. Dann sagt er: Das ist jetzt mein Land, meine Mine. Das respektieren die, die nachkommen. Oder auch nicht. Bis vor drei Jahren wütete hier der, den sie Rambo nannten. Er hatte etwa zweihundert Menschen ermordet und war der mächtigste Minenbesitzer am Amazonas geworden. Irgendjemand hat ihn dann erschossen.

Im Moment ist alles friedlich. Die Goldgräber, die nicht zum Kämpfen geboren wurden, arbeiten für die Minenbesitzer. Siebzig Prozent geben sie ihm von dem, was sie aus der Erde holen. Was übrigbleibt, teilen sie und geben es schnell wieder aus. Sparen tut hier keiner etwas. Aber alle hoffen. Irgendwann doch mal einen 62-Kilo-Klumpen zu finden, wie es vor ein paar Jahren einem Kollegen geglückt ist. Sie erzählen sich noch heute die Geschichte, wie der dann nach Manaus fuhr und zwei Taxis orderte. Eines für sich und das andere für seinen Hut.

Die halbnackten, meist sehr vernarbten Männer stehen am Ufer und betrachten den Inhalt des Bootes stumm. Soso, drei Frauen und zwanzig Männer. Unangenehme Blicke folgen uns einen Hügel hinauf, in Madelenis Hütte. Vier Bambusstangen, mit Plastikplanendach. Rund um die Hütte liegt Müll, Hühner, die davon essen, und eventuell Ratten. Genau sind sie nicht zu erkennen. Ein Schritt neben der Hütte beginnt der Dschungel.

Serra ist Madelenis Freund und vorerst verhalten, wie alle hier gibt er uns die Hand und guckt uns an. Den Blick kenn ich inzwischen. Das ist so ein ganz spezieller Goldgräberblick, der einen auszieht und dem es egal ist, was du sagst und bist. Nach diesem Blick also hebt Serra den Daumen. Was heißt, du bist in Ordnung. Und dann lächelt er und freut sich, Besuch zu bekommen. Das passiert nicht so oft. Und Besuch aus Europa passiert mal überhaupt nicht. Während Serra für uns kocht, will er viel wissen. Als wir später auf dem Boden sitzen und ich an einer Süßkartoffel nage, kommen nach und nach alle Goldgräber, um uns zu besichtigen. Irgendwann ist der Platz vor der Hütte mit kauernden Männern gefüllt. Die später, als sie gehen, alle nicken. Einer nach dem anderen.

Serra ist seit zehn Jahren im Busch. Er hat vorher als Zimmermann und Mechaniker auf dem Bau gearbeitet. Er sagt: »Zu Hause wusste ich immer, was kommt. Hier nicht. Der Tod kann kommen oder der absolute Reichtum. Vielleicht kommt aber auch nichts. Doch dass nichts gekommen ist, werde ich erst merken, wenn ich sterbe.« Der Fotograf und Serra fangen an, über Freiheit zu reden. Ein kolossal überschätztes Thema. Madeleni und ich gehen baden. In den Fluss, der gelb von Quecksilber schimmert, ein paar Männer mahnen uns zur Vorsicht vor den Piranhas. Ich könnte verunsichert sein, aber da die appetitliche Madeleini neben mir schwimmt, ahne ich, wen dic Piranhas bevorzugen. Rebirthing, fällt mir unzusammenhängend ein, schwerelos in einem vom Mond beschienenen Quecksilberfluss, inmitten von Dschungelgeräuschen, die per Knopfdruck aktiviert scheinen.

Später liege ich in der Hängematte, die zwischen zwei Palmen schwebt. Madeleni sagt, dass es viele Pumas gibt im Wald. Aber der Hund ist ja da. Der Hund ist sehr klein und zittert, als er sich neben die Hängematte legt. Der Dschungel schabt und schreit und quiekt und raschelt. Ich tröste den Hund, und dann blicke ich hoch. Da ist so ein Mond, der verkehrt herum hängt in den Baumkronen, großartig, als wäre ich klein, was ich nie war, und dürfte im Freien übernachten. Ein bisschen unheimlich, aber viel zu großartig, um sich zu fürchten.

Um sechs ist Wecken. Die Hühner machen das und die Hitze, und jemand, den ich aber nicht erkennen kann, weil meine Augen von Moskitostichen verschwollen sind, bringt mir sehr süßen Kaffee. Serra geht arbeiten. Seine 24-Stunden-Schicht fängt an. Er steigt in ein zehn Meter tiefes Loch zu vier anderen Kameraden. Das Gold befindet sich in einer Erdschicht, etwa zwei Meter unter der Oberfläche. Drei Männer tragen die Erdschicht mit Wasserspritzen ab. So hart ist der Wasserstrahl, dass die Männer den Schlauch nur halten können, indem sie sich drauflegen. Der Strahl gräbt sich in die Erde. Zwei Männer arbeiten an den Pumpen, die das Schlammgemisch wieder ansaugen und nach oben befördern. Da wird der Schlamm über Holzrutschen, Dragas, in den Fluss geleitet. Weil Gold schwerer ist als Schlamm, bleibt es in der Draga liegen. Alle zwei Tage wird die Pumpe abgestellt und die Draga geleert, auf deren Grund Goldstaub liegt, der mit Quecksilber gebunden wird. Der dann in den Fluss, von da in die Fische, und so weiter … Wenn die Männer Glück haben, schwemmen sie in 48 Stunden ein ganzes Kilo Gold aus dem Boden. Pro Gramm elf Dollar. Siebzig Prozent, wie schon erwähnt, für den Boss, der bei der Öffnung der Draga immer dabei ist. Nach einem Tag Pause arbeiten sie weiter und trinken viel Rum dabei, weil sie es sonst nicht aushalten, den Lärm, den Schlamm, die Hitze. Und ein bisschen die Sinnlosigkeit. Und so fällt immer wieder einer in die offenen Motoren, wird von herabrutschender Erde erstickt oder vom Wasserstrahl erschlagen.

Am Abend kommt eine Stimmung über das Lager. Die Goldgräber machen sich schön. Mit weißen Hemden, Cowboystiefeln und französischem Parfüm.

Es geht in die Stadt. Wir laufen eine Stunde durch den Dschungel, durch den feuchten Tunnel, den unsere Taschenlampen in das Dickicht graben. Am Ende des Tunnels sehen wir das Licht. Wir reiten hinein in die Stadt, und die macht einen auf Oktoberfest. Einen großen Platz hat es da, der ist hell erleuchtet, und aus den Bars donnert Musik. Die Goldgräber und ich, wir stehen auf diesem Platz, und alles ist auf einmal klar. Für diesen Moment arbeiten sie. Für diesen Moment sind sie bereit zu sterben. Die Taschen voller Gold, ein teures Hemd und die absolute Freiheit. »Trinken wir ein Bier«, sagt Serra. »Ein sehr kaltes«, sagt er, der kleine Indianer. Und mit wiegenden Hüften geht die Truppe über den Platz. Die Frauen, die aus der Stadt eingeflogen wurden, winken den Männern zu. Aber die Männer müssen erst trinken, ehe sie sich Weiberkram zuwenden. Und dann trinken wir. In der Ecke der Bar liegt ein Mann am Boden, der Haikus rezitiert. Das ist Pedro, der in São Paulo eine große Autowerkstatt hatte. Dann packte ihn, vor zehn Jahren, das Goldfieber. Heute ist er der beste Mechaniker hier, aber leider ist er Säufer geworden. Eine Geschichte wie viele. Die Goldgräber kommen aus ganz Brasilien. Manche waren reich vorher, manche hatten studiert. Irgendwann haben sie ihr altes Leben hinter sich gelassen, um auf diesen großen Abenteuerspielplatz zu gehen. Wo Männer noch Männer sind und jeder Tag der letzte sein kann. Wer einmal herkommt, geht nie wieder. Zu schnell gewöhnt man sich an den Zusammenhalt, an das Leben ohne Steuer und Gesetz und Polizei. Ein paar der Männer gehen in eine Disco, um sich mit »Programm-Mädchen«, wie die Prostituierten hier heißen, zu vergnügen. Der Rest bleibt in der Bar und redet. Wie Auszüge aus Hemingway-Büchern klingt das. »War 'ne harte Woche.« – »Ja, es ist gut, Bier zu trinken, nach so einer Woche.« – »Pete ist tot.« – »Oh, fuck!« – »Wann?« – »Vorgestern, ist in die Maschine geraten. Lass uns auf ihn trinken.« Als alle betrunken sind, machen wir uns auf den Heimweg. Im Busch flüchtet eine Schlange vor uns. Die Schlange Surucucu Pico de Jaca. Tötet in Minuten. Und dann geht es in die Hängematte, inzwischen kann ich in dem Ding sogar richtig schlafen.

Irgendwann weiß ich nicht mehr, wie lange wir schon im Camp sind. Zeit ist eine merkwürdige Sache im Busch. Sie vergeht hier schneller als anderswo. Vielleicht ist das der Grund, warum die Leute hier alle älter aussehen, als sie sind. Die Stunden werden aufgesaugt von der Hitze.

Von der Arbeit. Vom Dösen in der Hängematte. Ich döse grad wieder, und Madeleni massiert mir die Schultern. Der Fotograf liegt auf dem Boden und schläft. Ein Goldgräber, der nicht zu unserem Camp gehört, kommt angeschwankt. Eine Flasche Rum in der Hand, eine 38er in der Hose. Er kauert sich neben den Fotografen und fängt an, ihn zu beschimpfen. »Wer seid ihr eigentlich, ihr Blödmänner aus der Stadt. Was wollt ihr?« Es riecht nach Ärger. Die beiden Männer stehen sich gegenüber, nur der Hass trennt sie noch. Madeleni rennt weg und kommt mit Gaulsa zurück, der gerade im Camp ist. Gaulsa nimmt den Goldgräber, führt ihn weg. Das war gut, denn wir erfahren, dass der schon über zwanzig Leute erschossen hat. Später kommt Gaulsa, dem das unangenehm ist, und lädt uns zu einer Bootstour ein. Er will uns eine Freundin vorstellen. So kommt es zu einer Nachtbootsfahrt, auf dem Quecksilberfluss. Der Mond zeigt Gaulsa, wo Steine im Wasser liegen. Nach einer Stunde kommen wir zu einem großen Haus. Aus dem springt eine kleine betrunkene Frau. Luci. Sie hüpft uns voraus und freut sich, dass wir sie besuchen. »Jeder weiß schon von den beiden netten Gringos«, sagt Luci. »Und jeder möchte sie als Gast haben.« Luci ist die Medizinfrau. Sie entbindet die Kinder und flickt kaputte Goldgräber zusammen.

Sie hat Medizin studiert, in Manaus, und den falschen Mann geheiratet. Der hat sich von ihr getrennt und die gemeinsame Tochter zu sich genommen. Und dann war Luci alles egal. Sie ging in den Dschungel. Vor ein paar Jahren kam ihre Tochter in den Busch, um sie zu besuchen. Die Tochter holte sich Malaria und starb. Seitdem trinkt Luci. Sie springt ein bisschen wacklig in der Küche herum und kocht etwas. Dann lädt sie uns ein, doch bei ihr zu übernachten. Das klingt gut, mal in einem richtigen Haus schlafen, mit einer Wasserpumpe. Aber dann haben wir das Gefühl, dass sich unsere Goldgräber Sorgen machen, und fahren zurück. Serra und Madeleni sind noch wach und machen sich Sorgen. Sie haben uns Essen aufgehoben. Obwohl wir ziemlich satt sind, essen wir das auf.

Am nächsten Tag werden wir langsam unruhig. Vielleicht weil wir so stinken und einen Sonnenbrand haben. Und nach einer Woche, oder vielleicht sind es auch schon zwei, wollen wir langsam mal wieder zurückfahren. Und als wir das sagen, fängt Madeleni an zu weinen. Serra versteht das auch nicht, wir könnten doch bleiben. Für immer oder so. Das ganze Lager weiß sofort Bescheid. Ein dicker Goldgräber kommt und möchte mir ein paar Goldzähne schenken, die man mir sofort einsetzen könnte. Wie kommt man aus so einer Nummer wieder raus? Nichts gegen eine schöne Front Goldzähne, aber ich sehe mich gezwungen, eine absurde Lüge von Goldallergie zu erfinden. Also bekomme ich das Sonnabend-Ausgehhemd des Dicken. Wir laufen durch das Lager und verabschieden uns mit dem Gefühl, wir werden hier keinen jemals wiedersehen. Dann gehen wir. Den Dschungelpfad in die Stadt, und dann sitzen wir in einer ganz kleinen Cessna. Das Ding ist so furchtbar überladen, dass es nicht so richtig in die Luft gehen will. Deshalb können wir das Camp genau erkennen, als sich das Flugzeug langsam drüberquält. Da unten machen die Goldgräber weiter wie immer. Sie suchen nach Träumen. Sie vertreiben die Indianer, machen die Flüsse schmutzig und unseren Regenwald kaputt. Sie saufen, und sie erschießen einander. Ich glaube ein paar Männer zu sehen, die zu einem überladenen Flugzeug hochwinken, und eine kleine Frau. Die sieht aus wie eine betrunkene Katze und hat eine schwere afrikanische Kette um den Hals.

P. S.

Die Zahl der Minen ist seit 1990 von 20 000 bis heute auf 200 000 gestiegen. Die vielleicht größte Umweltkatastrophe in der brasilianischen Geschichte: rund 50 Millionen Tonnen Schlamm haben tausende Hektar fruchtbaren Bodens und ein ganzes Dorf unter sich begraben. Mindestens 13 Menschen wurden getötet. Über den Rio Doce (»Süßer Fluss«) hat sich der vermutlich mit Arsen, Zink, Quecksilber, Aluminium und Blei belastete Schlamm verteilt. Inzwischen strömt er ins Meer, wie Luftaufnahmen zeigen.

Ich wünsche Ihnen ein schönes Leben!

Inhalt